essentials

Teresa Keller

Integrität als Führungskompetenz

Bedeutung und neue Impulse für integres Verhalten

 Springer

Teresa Keller
Flourishing Institut
München, Deutschland

ISSN 2197-6708 ISSN 2197-6716 (electronic)
essentials
ISBN 978-3-658-25998-3 ISBN 978-3-658-25999-0 (eBook)
https://doi.org/10.1007/978-3-658-25999-0

Die Deutsche Nationalbibliothek verzeichnet diese Publikation in der Deutschen Nationalbibliografie; detaillierte bibliografische Daten sind im Internet über http://dnb.d-nb.de abrufbar.

Springer ist ein Imprint der eingetragenen Gesellschaft Springer Fachmedien Wiesbaden GmbH und ist ein Teil von Springer Nature
Die Anschrift der Gesellschaft ist: Abraham-Lincoln-Str. 46, 65189 Wiesbaden, Germany

Was Sie in diesem *essential* finden können

- Einen Überblick über aktuelle Erkenntnisse zur Integrität
- Informationen zur Bedeutung von Integrität für Führungskräfte und warum es sinnvoll ist, sich mit diesem Thema auseinanderzusetzen
- Erläuterung und Einführung in die Elemente von Integrität
- Einblicke, wie Integrität im täglichen Miteinander zum Tragen kommt
- Anregungen, wie man sich dem Thema Integrität nähern kann, und konkrete Ideen zur Umsetzung

Inhaltsverzeichnis

Über die Autorin

 **Teresa Keller** unterstützt Unternehmen bei der Entwicklung und Implementierung eines Integritätsmanagements. Von der Team- und Führungskräfteentwicklung über das Coaching von Führungskräften bis zur Moderation von Workshops hat sie umfassende Erfahrungen mit Transformationsprozessen. Sie leitet das flourishing institut in München und lehrt an der Hochschule für angewandtes Management.

Korruption, Missmanagement oder persönliche Bereicherung rücken in den Fokus der Medienberichterstattung. Unternehmensskandale werden immer häufiger und sind Thema öffentlicher Diskussionen. Ob Fehlverhalten oder Fehlkommunikation, ob Umsatz- oder Konkurrenzdruck als Auslöser für bestechliche Manager oder Unternehmer ausschlaggebend sind, ist nebensächlich. Entscheidend ist, wie Führungskräfte dem entgegenwirken können.

Die großen Unternehmenskrisen der vergangenen Jahre sind fast alle nur aus Gründen mangelnder Integrität entstanden. Angefangen beim großen Dieselskandal in der Automobilbranche oder dem Schmiergeldskandal bei Siemens bis zum Geldwäscheskandal bei der Deutschen Bank. Bei allen waren Manager involviert, die an irgendeiner Stelle dem Anspruch von Integrität nicht mehr standgehalten haben. Und jedes Mal hat es die Unternehmen Milliarden an Strafen oder Umsatzeinbußen gekostet, von den Imageschäden ganz zu schweigen. Auch in der Politik gibt es immer wieder Plagiats-, Dienstwagen- oder Spendenaffären. In der Kirche erleben wir eine große Welle von Offenlegungen vergangener Missbrauchsfälle, und in der Gesellschaft ist die Me-too-Debatte unter anderem Ausdruck von einem Wunsch nach mehr integrem Verhalten. Deshalb ist jeder von uns gefordert, sich verstärkt mit dem Thema Integrität auseinanderzusetzen. Führungskräfte aufgrund ihrer Vorbildfunktion betrifft dies im Besonderen.

Integrität ist eine Eigenschaft, die von der Mehrheit der Menschen positiv und als erstrebenswert angesehen wird. Wir alle kennen Persönlichkeiten, die uns durch ihr integres Verhalten beeindruckt haben, uns als Vorbild dienen und die manche Situation zum Besseren gewendet haben. Umso erstaunlicher ist es, dass trotz dieser positiven Besetzung integren Verhaltens immer wieder (so viele) Fehltritte auftreten. Aus diesem Grund soll dieses Buch darüber aufklären, was

© Springer Fachmedien Wiesbaden GmbH, ein Teil von Springer Nature 2019 1
T. Keller, *Integrität als Führungskompetenz,* essentials,
https://doi.org/10.1007/978-3-658-25999-0_1

Integrität bedeutet, welches Potenzial darin für Führungskräfte liegt und wie man sich darin üben kann, im Alltag mehr und mehr integer zu agieren. Denn Integrität ist nicht etwas, das man hat oder nicht hat. Zu einem gewissen Grad ist jeder von uns integer. Die Frage ist nur, ob wir bereits unser ganzes Potenzial entdeckt und ausgeschöpft haben.

Definition von Integrität im Führungskontext

2

2.1 Integrität

Integrität wird häufig als Makellosigkeit, Unbescholtenheit oder Unbestechlichkeit definiert, aber auch Anständigkeit, Zuverlässigkeit, Vertrauenswürdigkeit oder Unverletzlichkeit dienen als Charakteristika. Es stammt von dem lateinischen Wort „integer" für „untadelig, unversehrt" ab.

Im ursprünglichen Sinn beschreibt Integrität eine ethische Forderung des Humanismus. Es geht um das Bestreben, eine weitgehende Übereinkunft zwischen den eigenen Idealen und Werten mit dem tatsächlichen Leben zu finden. Ein integrer Mensch handelt demnach in dem Bewusstsein, seine persönlichen Überzeugungen und Werte zu vertreten, sich selbst treu zu bleiben, andere Menschen in ihrer Integrität nicht zu verletzen und zudem noch die gesellschaftlichen Rahmenbedingungen zu berücksichtigen. Es geht dabei um den Zustand, ganz bei sich zu sein, sich selber treu zu sein und so auch wahrgenommen zu werden. Eine integre Person erfasst und berücksichtigt ganzheitlich: Werte, Menschen (Familie, Freunde, Beruf) und Umstände fügen sich zusammen. Sie kennt und steht zu ihren eigenen Werten, sucht einen Weg, diese zu verfolgen und auch im Berufsleben mit dem Unternehmen zu vereinbaren. Die Person bleibt standhaft – selbst wenn sie keinen Vorteil oder Nutzen davon hat.

Auf die Arbeitswelt übertragen sind integre Persönlichkeiten wichtig, um das Ansehen des Unternehmens nach innen und außen zu stärken: Nach innen überträgt sich integres Verhalten auf die Kollegen und Mitarbeiter, nach außen auf eine positive Wahrnehmung des Unternehmens und dessen Leistungen und Erfolge. Gerade hier erfreut sich der Integritätsbegriff seit einiger Zeit großer Beliebtheit – in positiver wie negativer Hinsicht (z. B. Korruption). Dennoch sind integre Persönlichkeiten in Politik, Wirtschaft und im öffentlichen Leben immer

© Springer Fachmedien Wiesbaden GmbH, ein Teil von Springer Nature 2019

T. Keller, *Integrität als Führungskompetenz*, essentials,

https://doi.org/10.1007/978-3-658-25999-0_2

noch nicht oft genug zu finden. Häufig liegt es daran, dass im Alltag diverse Faktoren auf uns einwirken, wir uns diesen nicht entziehen können und automatische Mechanismen in Gang gesetzt werden. Dann fällt es schwer, sich selber treu zu bleiben. Aber genau dann brauchen wir Charakterstärke und Standhaftigkeit, um Integrität vorzuleben.

Integrität ist immer im Zusammenhang mit der Gesellschaft zu sehen und zu beurteilen. Vernachlässigt man dies, wäre zum Beispiel selbst ein Mafiaboss integer, da er nach seinen persönlichen Überzeugungen handelt. Er missachtet jedoch vollkommen die gemeinschaftlichen Werte und die gesellschaftlichen Maßstäbe, in denen er lebt und sich bewegt. Außerdem zeigt er keinen Respekt vor denen, die anders denken, sondern er stellt seine Prinzipien über die der anderen. Ein integrer Mensch aber ist in der Lage, für seine Werte einzustehen, danach zu handeln sowie gleichzeitig die Werte anderer zu berücksichtigen und nicht absichtlich jemand anderem zu schaden, um sich selber einen Vorteil zu verschaffen.

Integrität ist eine ehrenwerte Eigenschaft. Sie kann nicht hundertprozentig gelebt werden und ist auch nicht starr. Ein integrer Mensch kann sich in einer Situation integer verhalten, in einer anderen möglicherweise nicht. Er bleibt nicht für immer integer, sondern muss sein Verhalten situativ abwägen. Zur Integrität gehört auch der Kontext, sodass integres Verhalten mit den eigenen Werten und gleichzeitig mit dem Umfeld abgestimmt sein muss. Unser Beziehungsgeflecht und die kontinuierliche Auseinandersetzung damit entscheiden maßgeblich über die eigenen Prioritäten und unsere Integrität.

Deshalb ist ein integrer Mensch auch einer fortwährenden innerlichen Überprüfung der Rahmenfaktoren ausgesetzt. Was eine Person selbst beeinflussen kann und wie Integrität gelernt und gesteuert wird, hängt von unterschiedlichen Faktoren ab.

▶ Integrität bedeutet, eigene Werte und Überzeugungen zu haben, danach zu handeln und zugleich Verantwortung gegenüber der Gemeinschaft und dem kontextuellen Umfeld zu übernehmen.

Dazu gehört, seine Werte zu kennen, sich Klarheit über seine Persönlichkeitsstruktur (wie beispielsweise emotionale Reaktionen auf bestimmte Situationen) zu verschaffen, seine Identität zu kennen, Mut zu haben, diese vorzuleben und einzuhalten, und im Unternehmen dafür ein Bewusstsein zu schaffen. Eine integre Person steht für Verlässlichkeit und Unbestechlichkeit.

Abgrenzung zu Compliance, Loyalität und Authentizität

Häufig wird Integrität mit Compliance gleichgesetzt und diesem Bereich auch im Unternehmen zugeordnet. Gerne wird Integrität aber auch mit der gegenteiligen Bedeutung in Verbindung gebracht – mit Illegalität und Korruption. Integrität bedeutet jedoch mehr, denn es handelt sich dabei um eine Haltung. Die Haltung hat mit dem eigenen Wertesystem zu tun und nicht (wie bei Compliance) mit dem Befolgen von Regeln.

Dennoch ist Compliance heutzutage ein so dominantes Thema, dass jeder Manager versucht, sich bestmöglich nach allen Seiten hin abzusichern. Das führt zu immer mehr Regulierungen im Unternehmen und abnehmender Entscheidungsfreude und -bereitschaft. Eine eigene Haltung zu haben und zu vertreten ist aber wichtig, um die Möglichkeiten für seine Handlungsoptionen zu erhöhen.

Compliance und Integrität sind komplementär, wobei sich Erstere auf die Einhaltung von Regeln, Leitlinien, Vorschriften und Gesetzen bezieht, während es bei Integrität mehr um die eigenen Werte geht. Das hat zur Konsequenz, dass wir nicht Dinge tun, weil wir es müssen oder es von uns erwartet wird, sondern weil wir es tatsächlich wollen und für richtig halten. Deshalb ist Integrität wesentlich stärker und ein eigenes, vor allem persönliches, nicht zu unterschätzendes Thema.

Monika Roth untersucht in ihrem Buch „Compliance, Integrität und Regulierung" die Verbindung zwischen Integrität und Compliance und kommt zu dem Schluss, dass ohne Integrität Compliance nicht möglich ist (Roth 2005). Eine wertebasierte und verantwortungsvolle Beurteilung des eigenen unternehmerischen Handelns ist demnach genauso notwendig wie die innere Überzeugung, dass das Richtige auch tatsächlich richtig ist.

Auch Loyalität beschreibt ein anderes Verhalten als Integrität: Man kann sich seinen Kollegen oder dem Unternehmen gegenüber loyal verhalten, ohne integer zu sein. Loyalität zeigt zwar eine Verbundenheit gegenüber einer Person oder einem Unternehmen. Es ist ein ehrenwertes Verhalten und zudem wichtig für eine gute Zusammenarbeit und im Hinblick auf ein gemeinsames Ziel. Eine Führungskraft muss sich auf ihre Mitarbeiter verlassen können und umgekehrt müssen sich die Mitarbeiter der Loyalität ihrer Führungskräfte sicher sein. Wenn diese sich anders verhalten, als es für das Unternehmen gut ist, und nicht mehr entsprechend ihren Werten entscheiden, nützt auch Loyalität nichts mehr. Vielmehr würde loyales Verhalten dann die anderen Personen gewissermaßen zum Mittäter machen und falsches Verhalten gefördert.

Authentizität ist ein weiterer Begriff, der häufig mit Integrität in Verbindung gebracht wird. Authentizität beschreibt eine Wesensart, die der eigenen Person entspricht. Bei einer authentischen Person wird das Handeln nicht durch äußere

Einflüsse bestimmt, sondern es liegt in ihr selbst begründet. Dabei spielen auf jeden Fall auch persönliche Werte und Visionen eine Rolle. Authentisch kann aber zum Beispiel auch eine Person sein, die eine ausgeprägte etwa emotionale oder expressive Art hat. Die Person kann dann – selbst wenn sie ihre Mitarbeiter zum Beispiel unfair behandelt, ironisch oder zynisch ist – zwar authentisch sein, doch ihr Verhalten ist negativ behaftet. Die Person bleibt sich selbst zwar in der Art treu („So ist er eben."), verhält sich aber womöglich verletzend und nicht kollegial und damit nicht integer.

Anders als bei Compliance, Authentizität und Loyalität verhält es sich bei Integrität. Integrität ist reflektiert, persönlich, unterliegt keiner externen Regulierungsmaßnahme, hat mit Haltung zu tun, ist handlungsorientiert und zieht außerdem viele positive Wirkungen nach sich.

Elemente von Integrität

In den vergangenen Jahren gab es verschiedene wissenschaftliche Ansätze zum Thema Integrität. Sie alle bemühen sich darum, Integrität zu beschreiben.

So stellte Lisa Schöttl von der Hochschule in Konstanz bei ihrer Doktorarbeit die folgenden Komponenten von Integrität fest (Schöttl 2018):

1. Bekenntnis zu moralischen Grundwerten (Moralisches Commitment)
2. Reflexion eigener Werte und Prinzipien (Identität und Ehrlichkeit)
3. Handeln nach Werten und Prinzipien (Ganzheit und Konsistenz)

Andere Forschungsergebnisse gingen in Richtung folgender Charakteristika der Integrität:

- Übereinstimmung von Worten und Taten (word/action consisteny)
- Individuelle Moralität (morality/ethics) und
- Standhaftigkeit im Hinblick auf Widerstände (consistenca in adversity)

Wegweisend war die Studie von Palansky und Yammarino (2007), die diese Elemente herausarbeiteten.

Die Studien zeigen ähnliche Ansätze, die alle plausibel sind. Es geht darum, seine individuellen Werte und Prinzipien zu kennen und nach ihnen zu handeln, für diese mit Standhaftigkeit einzustehen und damit moralische Grundwerte zu beachten.

Auf der Grundlage meiner eigenen Beobachtungen in Unternehmen, wenn es um das Thema Integrität geht, möchte ich diese Ansätze um einige Aspekte erweitern.

Zunächst gehe auch ich davon aus, dass es eine persönliche Ebene gibt, bei der die Selbstreflexion zur Wahrnehmung der eigenen Werte und Prinzipien eine wichtige Rolle spielt. Allerdings ist es dabei wichtig, zwischen dem persönlichen Selbstbewusstsein und der Frage nach den individuellen Werten und Prinzipien, der sogenannten Sinnhaftigkeit, zu unterscheiden. Diese Unterscheidung erscheint notwendig, da integre Persönlichkeiten auch über eine gute Selbstführung verfügen, was auch eine kritische Haltung hinsichtlich der eigenen Reaktionen und Handlungsweisen voraussetzt. Eine weitere Ebene ist die Verhaltensebene, zu der alle Aktivitäten gehören, die von außen sichtbar sind. Hierzu zählen Verbundenheit, Handlungsfähigkeit und Standhaftigkeit. Diese Elemente stehen in einer ständigen Wechselbeziehung zueinander, aber auch mit dem gesellschaftlichen Umfeld. Sie bedingen und beeinflussen sich gegenseitig.

Um die Komplexität von integrem Verhalten verstehen zu können, werden nachfolgend die Elemente der Integrität näher erläutert.

Die Persönlichkeitsebene
Sicherlich erinnern Sie sich an eine Persönlichkeit, der Sie begegnet sind, die durch ihr integres Verhalten beeindruckt hat. Wenn Sie noch einmal genau an diese Person denken, erinnern Sie sich vielleicht, wie Sie diese wahrgenommen haben? Was hat Sie berührt, was hat Sie begeistert, was war besonders an der Person? Die meisten integren Persönlichkeiten haben ein klares Bild von sich selbst und von ihren Werten und strahlen das auch aus. Selbstbewusstsein und Sinnhaftigkeit sind deshalb auf der Persönlichkeitsebene angesiedelt.

Selbstbewusstsein fundiert auf dem Ich und den Fragen: Wer bin ich, was kann ich, wofür stehe ich, wie reagiere ich, wo sind meine Potenziale, welchen Herausforderungen stelle ich mich? Entscheidend für das Selbstbewusstsein ist ein klares Bewusstsein über mein Selbst. Das erhalte ich durch Ehrlichkeit und Selbstreflexion. Wenn ich weiß, wer ich bin, wirke ich selbstbewusst, verlässlich und ehrlich (transparent), und nur wenn ich weiß, was ich will, kann ich mir treu bleiben.

Sinnhaftigkeit stellt sich der Frage, für wen und wozu ich etwas tue. Hierbei kommen die eigenen Prinzipien und Werte zum Tragen. Wenn es Sinn für mich macht, etwas zu tun, und ich nach meiner Überzeugung handle, wachsen meine Motivation und meine Glaubwürdigkeit, und ich kann integer handeln. Wichtig ist der Kontext, in dem ich wirke, und ob die gemeinschaftlichen Werte mit meinen Werten übereinstimmen.

Die Verhaltensebene

Auf der Verhaltensebene geht es darum, wie ich mich anderen gegenüber benehme. Das Bewusstsein über mich selbst und das Kennen meiner Werte machen mich noch nicht zu einer integren Persönlichkeit. Erst durch meine Art, wie ich agiere, kann meine Integrität zum Ausdruck kommen. Dabei ist es wichtig, wie ich mit anderen umgehe, inwieweit ich standhaft bleibe (auch wenn mal Widerspruch oder Gegenwind kommt) und ob auch meine Taten dem entsprechen. Folglich sind Verbundenheit, Standhaftigkeit und Handlungsfähigkeit jene Elemente, die auf der Verhaltensebene liegen.

Verbundenheit stellt den Bezugsrahmen in den Mittelpunkt. Ohne ein Umfeld kann ich nicht integer sein, denn ein integres Verhalten entsteht erst durch Interaktion mit anderen und als Reaktion auf äußere Einflüsse. Verbundenheit schafft dafür die notwendige Transparenz und das Vertrauen.

Standhaftigkeit steht für die eigenen Werte und wie ich mich dazu verhalte. Wenn ich zu meinen Überzeugungen stehe, bleibe ich standhaft und wirke stark und überzeugend. Entscheidend sind Durchhaltevermögen, Zivilcourage, Mut, Toleranz, Beständigkeit u.v.m. Egal, wie stark der Wind, der einem entgegenpeitscht, auch ist, ich bleibe standhaft – ohne dabei den Respekt vor dem anderen zu verlieren. Dann kommt Integrität zum Tragen und kann enorme Wirkung wie Überzeugungskraft erzeugen.

Handlungsfähigkeit bedeutet, Verantwortung zu übernehmen, mutige Entscheidungen zu treffen und durchzusetzen. „Nicht nur reden, sondern auch handeln" lautet die Devise. Bei diesem Element ist auch der Satz angesiedelt, der häufig in Verbindung mit Integrität zu lesen ist: Worte und Taten sind eins.

> ▶ **Merke:** Bekennen, reflektieren und handeln gehören zu den Aktionen von Integrität. Es ist ein persönliches Thema und erfordert, dass wir hinterfragen, wofür wir stehen, was uns wichtig ist und wie wir es umsetzen. Integrität ist situations- und bezugsabhängig und wird deshalb immer wieder auf die Probe gestellt. Entscheidend ist die kontinuierliche eigene Auseinandersetzung, weil sich meine Werte weiterentwickeln und auch das Bezugssystem sich verändern kann.

Die Elemente der Integrität stehen einerseits im Austausch miteinander, andererseits sollten sie auch halbwegs ausbalanciert sein. Wenn wir ein Element überbetonen und ein anderes dabei völlig vernachlässigen, würde kein integres Verhalten daraus entstehen. Wenn ich zu standhaft bin, aber nicht die Verbundenheit miteinbeziehe, kann ich schnell stur werden. Wenn ich sehr verbunden mit anderen bin, aber keine Standhaftigkeit entwickle, werde ich schnell angepasst. Es ist also notwendig, dafür zu sorgen, dass alle Elemente ausreichend gelebt werden.

Die gesellschaftliche Ebene – Der Mensch ist Teil der Gesellschaft

Neben dem Austausch untereinander ist die Verbindung zum Umfeld genauso wichtig. Der gesellschaftliche Kontext ist der Rahmen, in dem sich jemand integer verhalten kann. Wenn wir an einen Mafiaboss denken, der Mord oder Erpressung als Druckmittel einsetzt, so ist dies nicht mit dem gesellschaftlichen Kontext zu vereinbaren und nicht vertretbar. Er verhält sich nicht legal, selbst wenn sein Handeln seinen eigenen Prinzipien entspricht.

Integrität beschreibt mehr als nur das Einhalten von Regeln (wie bereits bei der Abgrenzung zum Begriff Compliance deutlich wurde), denn es steht dafür, was die Gesellschaft als legitim erachtet. Es können Sachverhalte gesetzlich zugelassen und legal sein, trotzdem moralisch aber als nicht legitim angesehen werden. Integrität bezieht aber die Moral, die Legitimität ins Verhalten mit ein: Eine integre Person handelt nicht nur legal, sondern auch legitim.

Als die Automobilindustrie in den USA Abgasversuche mit Affen durchführte, waren die Untersuchungen legal und es wurde kein Gesetz verletzt. Doch für viele deutsche Bürger war dies ein inakzeptables Verhalten, es war für sie nicht legitim. Ähnliches gilt auch für Kinderarbeit, Umweltverschmutzung oder auch die Steuertricks der großen Unternehmen.

Da kein Mensch vollkommen isoliert lebt, sondern von einer Gemeinschaft umgeben ist, gehören Gesetze, Regeln und Prinzipien, die bestimmen, welches Verhalten legal ist, aber auch, was nicht legitim ist (moralisch-ethischer Kontext), zu unserem Leben. Sie bestimmen maßgeblich unsere Einstellungen und unser Verhalten mit.

Zusammenfassend lassen sich die Elemente von Integrität wie in Abb. 2.1 darstellen.

Wenn wir anhand des Modells sehen, wie umfassend die Integrität ist, so ist es nicht erstaunlich, dass immer wieder Führungskräfte an der Aufgabe scheitern. Aber es ist auch nicht der Fall, dass Menschen, die sich tatsächlich integer verhalten, alle diese Aspekte im Kopf haben. Vielmehr leben sie einfach ihre Integrität, weil es ihnen wichtig ist.

Wie man selber dafür eine Sensibilität entwickeln kann, in welchem Kontext Führungskräfte sich heute behaupten müssen und welchen neuen Herausforderungen sie sich stellen müssen, um integres Verhalten zu entwickeln, wird nachfolgend erläutert.

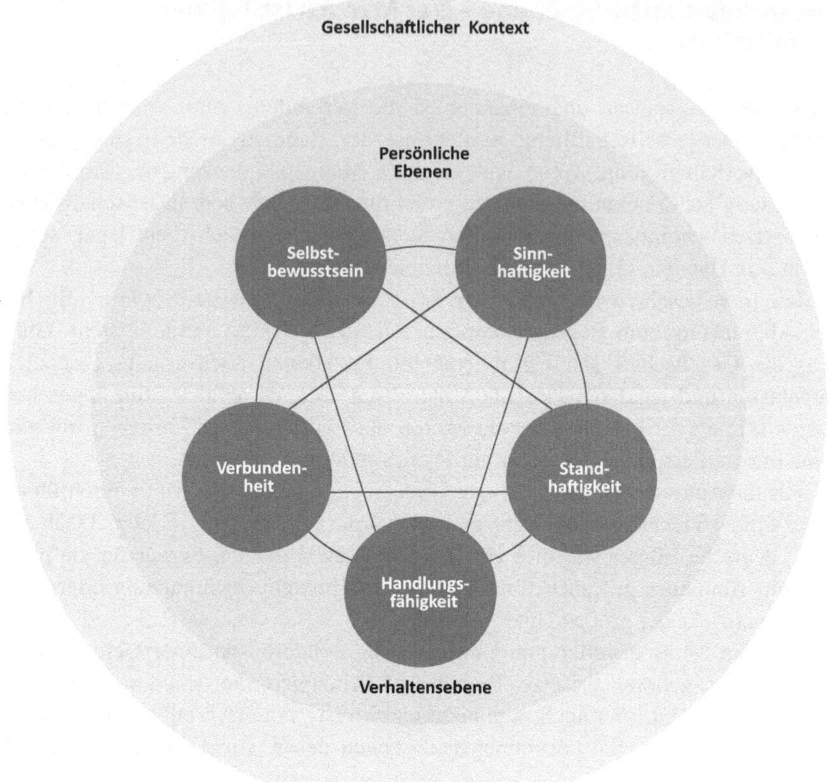

Abb. 2.1 Elemente von Integrität

2.2 Führung im Zeitalter von Transparenz und digitalen Medien

Die Investor-Legende Warren Buffet hat zu Integrität Folgendes gesagt:

> Irgendjemand hat einmal gesagt, dass man auf drei Qualitäten achtet, wenn man sich Bewerber auf einen Job ansieht: Integrität, Intelligenz und Energie. Denn wenn ein Beschäftigter nicht integer ist, richten Intelligenz und Energie nur Schaden an.

Ausgehend von den zuvor erwähnten Skandalen müssen Unternehmen sich heute anders aufstellen. Durch die digitalen Medien sind die Kunden, Lieferanten und

Kooperationspartner eines Unternehmens heute besser informiert denn je, sodass jede Ungereimtheit oder Auffälligkeit sofort wahrgenommen wird. Umso wichtiger ist die Glaubwürdigkeit von Unternehmen. Sie müssen sowohl bei Kunden als auch bei Lieferanten genauso wie bei Investoren oder Kooperationspartnern diese Glaubwürdigkeit unter Beweis stellen.

Bisher glaubten Unternehmen, sich durch einen stärkeren Ausbau von Kontrollsystemen absichern zu können. Die Skandale aber zeigen, dass sich trotz dieser hohen Regulierung an den Vorfällen nichts geändert hat. Das mag zum einen an der Qualität der Systeme liegen, hat aber vor allem mit der Haltung der Mitarbeiter und Führungskräfte zu tun. Denn ein Unternehmen ist nur glaubwürdig, wenn es auch seine Führungskräfte sind.

Führungskräfte stehen häufig Zielkonflikten gegenüber: Die hohe Finanzialisierung der Wirtschaft (vgl. auch Kuhn und Weibler 2018), also die starke Konzentration auf die finanziellen Aspekte des wirtschaftlichen Handelns, stellen Führungskräfte immer wieder vor schwierige Entscheidungen, wie sie zugleich moralisch und ethisch korrekt handeln sollen.

Dies ist nur ein Aspekt unter vielen, der die Erwartungen an Führungskräfte in den vergangenen Jahren verändert hat. Die heutigen Manager haben selber das Gefühl, dass sich die Anforderungen an die Unternehmensführung verändert haben und auch noch nicht ausreichend gelebt werden. Wie eine Studie von INQA (Initiative Neue Qualität der Arbeit) im September 2014 ermittelte, haben mehr als die Hälfte der deutschen Führungskräfte das Gefühl, dass sich die Anforderungen an das Management verändert haben und die heutige Art und Weise der Führung diesen Ansprüchen nicht mehr gerecht wird (INQA 2014).

Zum anderen sehen auch Mitarbeiter Veränderungsbedarf. Laut einer Studie von Stepstone und Kienbaum schätzen Arbeitnehmer besonders charismatische Führungspersönlichkeiten, die Vorbild sind und mit konkreten Zielvorgaben sowie konstruktiven Rückmeldungen die Mitarbeiter motivieren (Dettmars und Diestel 2018). Und sie gehen davon aus, dass eine Führungskraft werteorientiert und transparent handelt.

Auch äußere Faktoren tragen dazu bei, dass sich das Führungsverständnis ändert. Zunehmende Komplexität, Dynamik und Digitalisierung in der heutigen Arbeitswelt sind genauso herausfordernd wie sprunghafte Innovationen, verkürzte Produkt- und Marktlebenszyklen, Disruption oder agile Organisationen.

Auch die heutigen Veränderungsprozesse haben ihre Dynamik weiterentwickelt. Sie werden nicht mehr als ein Prozess mit einem Anfangs- und einem Endpunkt wahrgenommen, sondern eher wie ein fließender Strom, in dem eine Erneuerung unmittelbar in die nächste übergeht. Veränderungen sind somit schon fast der Normalzustand. Das zeigt sich im Unternehmensablauf genauso wie in häufigen Jobwechseln. Die Strategie vieler Konzerne, ihre Mitarbeiter dazu aufzufordern, alle drei Jahre eine neue Position anzustreben, um ihren Erfahrungshorizont zu erweitern, unterstützt diese Entwicklung zusätzlich.

Parallel nimmt die Gestaltung von wertorientierten Beziehungen zwischen Mitarbeitern und Vorgesetzten eine wichtige Rolle ein. Mehr Einfühlungsvermögen, bessere Wertschätzung oder Impulse geben gehören dazu, aber auch die Vermittlung von Zielen, der Sinnhaftigkeit der Arbeit, Freiräume zum eigenverantwortlichen Handeln, anregende Aufgaben, flexibles Arbeiten und Teamwork.

Somit rücken soziale Kompetenzen und emotionale Intelligenz in den Fokus des Führungsverhaltens: Manager müssen besonders in Veränderungsprozessen präsent sein und die Bedenken oder den Ärger der Mitarbeiter auffangen. Sie müssen sie informieren, begleiten, ermutigen, ihre Neugier und ihren Enthusiasmus wertschätzen und ihnen vertrauen.

Doch gerade der Aufbau einer persönlichen Beziehung zu den Mitarbeitern stellt heute eine besondere Herausforderung dar. Die Arbeit läuft zumeist über digitale Kommunikationswege ab, ist schneller und transparenter geworden. Das führt dazu, dass Mitarbeiter untereinander nicht mehr so häufig direkten Kontakt haben, weil sie auf Geschäftsreisen sind, Zu Hause arbeiten oder der Terminkalender es nicht zulässt. Sie nutzen primär E-Mails, zuweilen sogar um den Kollegen im Nachbarzimmer zu erreichen. Dabei ist eine Face-to-face-Kommunikation unvergleichlich wertvoller, da wir schnell mit einem Blick erkennen können, welche Haltung und Stimmung mit einer Information mitschwingen.

Eigentlich brauchen die Arbeitnehmer aber eine persönliche Beziehung zu ihren Führungskräften, sie brauchen Feedback, Austausch und Anerkennung. Und sie wollen sich mit ihren Vorgesetzten und dem Unternehmen identifizieren. Wenn das Management sich vorbildlich verhält und möglicherweise sogar ethische Werte verinnerlicht hat, wirkt sich das entscheidend auf ihre Akzeptanz und Motivation aus.

Alle diese Anforderungen zeigen, dass von Managern diverse Fähigkeiten verlangt werden und von ihnen auch einige Zugeständnisse einfordert werden: Sie sollen zuhören können, die eigene Person nicht immer in den Vordergrund stellen, auch einmal eigene Schwächen zugeben können, Feedback geben und ein echtes Interesse am Gegenüber zeigen. Entscheidend dafür ist eine Unternehmenskultur, die auch ein Partizipieren der Mitarbeiter zulässt und ein wenig die bisherige Machtposition schwinden lässt.

Da die Arbeit eine zentrale Stellung in unserem Leben hat, haben Führungskräfte eine wichtige gesellschaftliche Rolle. Laut einer Studie ist für die meisten von uns das Lob vom Chef, das bedeutendste Lob, noch vor einem Lob des Lebenspartners. Sie können Sinnhaftigkeit vermitteln, aber auch Wertschätzung, sie können Vorbild sein und Werte weitergeben. Dies ist auch im Hinblick auf die Erkenntnisse der Massenpsychologie wichtig. Nach Gustave Le Bon (2017) tun Menschen innerhalb einer Gruppe zuweilen Dinge, die sie als Einzelperson nicht tun würden – im positiven wie im negativen Sinn. Massenpsychologische Verhaltensweisen ziehen sich durch die Geschichte, sind aber auch in wirtschaftlichen Bereichen zu erkennen. Gerade an den Finanzmärkten ist ein solches Verhalten immer wieder zu beobachten: Aktienkurse rutschen plötzlich in den Keller, weil einige Investoren eine Aktie verkauft haben und viele Anleger unmittelbar diesem Verhalten folgen.

Aber auch im Hinblick auf die gesellschaftliche Verantwortung von Führungskräften ist ein Umdenken erforderlich. Im Jahr 2015 hat TNS Emnid im Auftrag der Bertelsmann-Stiftung 500 Führungskräfte zu diesem Thema befragt (TNS Emnid 2015). Sie wollten vor allem ergründen, wie unter Führungskräften das vorherrschende Verständnis zur gesellschaftlichen Verantwortung von Unternehmen ist. Deshalb befragten sie die Führungskräfte zu ihrer Wahrnehmung der Corporate Social Responsibility (CSR) von Unternehmen. Zu den wichtigsten Erkenntnissen der Befragung gehört, dass das sozialverantwortliche Engagement eine zunehmende Bedeutung im unternehmerischen Umfeld spielt. Führungskräfte halten es fast für genauso wichtig wie Kostenreduktion und Wachstum. Und sie erwarten, dass die Bedeutung weiter zunimmt und Unternehmen davon letztendlich substanziell profitieren. 82 % der Führungskräfte halten eine Teilnahme an sozialen Projekten und Initiativen für erforderlich. Sie sehen CSR als imagefördernde Maßnahme, die sich auf das Ansehen des Unternehmens nach außen und innen auswirkt. Das heißt, Unternehmen mit CSR sind attraktive Arbeitgeber und zugleich gesellschaftlich angesehen. Um dieses Ziel zu erreichen, ist wieder Integrität gefragt: Entscheiden sich Unternehmen und deren Führungskräfte für eine soziale Verantwortung, müssen sie das, was sie vorgeben, auch tatsächlich tun. Nur Führungskräfte und Unternehmen, die diese soziale Verantwortung verinnerlicht haben und vorleben, können sie auch nach innen und außen transportieren und nachhaltig manifestieren. Wenn also beispielsweise ein Unternehmen keine Mindestlöhne zahlt oder die Arbeitsbedingungen nicht dem Standard entsprechen, wird es schwierig, das Unternehmen als sozial vorbildlich darzustellen.

Immer mehr große Unternehmen arbeiten deshalb mit einem normativen Controlling. Dabei geht es um die Planung, Regelung und Kontrolle unternehmenspolitischer Normen oder ethikbasierter Prinzipien und Regeln der Unternehmenskultur. Diese sind darauf ausgerichtet, die Entwicklung des Unternehmens langfristig sicherzustellen. Dabei geht es nicht mehr nur um Gewinnoptimierung, sondern auch um die Qualität des Gewinns. Zum normativen Management zählt eine nachhaltig gesicherte Unternehmensidentität genauso wie die moralische Verantwortung gegenüber der Gesellschaft. Das normative Controlling orientiert sich an politischen Grundsätzen und unterstützt das Management bei der Durchführung. Legitimität gilt als Maßstab.

Viele der Anforderungen an Führungskräfte finden sich im transformationalen Führungsstil wieder, der derzeit an Bedeutung gewinnt. Der transformationale Führungsstil sieht vor, dass Ziele klar und anspruchsvoll formuliert und den Mitarbeitern der Sinn ihrer Arbeit vermittelt wird. Dabei schätzen sie vor allem charismatische Persönlichkeiten mit Vorbildfunktion, die kommunizieren, Feedback geben, wertorientiert und transparent handeln und ihre Selbstständigkeit fördern, um so persönliche Stärken sowie Talente entwickeln zu können (vgl. auch Keller 2017) und kreative Lösungen zu finden. Um diesem Führungsstil gerecht zu werden, müssen sich Manager mit sich selbst auseinandersetzen, Integrität vorleben und so erfolgreich ihre Mitarbeiter unterstützen.

Es wird deutlich, dass Führungskräfte über viele Fähigkeiten verfügen müssen, um den Erwartungen der verschiedenen Beteiligten gerecht zu werden. Deutlich wird aber auch, dass nicht Fachkompetenz im Vordergrund steht, sondern die Persönlichkeit und ein wertorientiertes Handeln herausragende Bedeutung haben – ein hoher Anspruch, der eine kritische Selbstreflexion und ein gutes Bewusstsein für seine eigene Person voraussetzt.

2.3   Integrität als Führungskompetenz

Die Bedeutung von Integrität wächst und ist mittlerweile ein wesentlicher Wirtschaftsfaktor eines Unternehmens. Der amerikanische Psychologe Henry Cloud geht in seinem Buch „Integrity" noch weiter (Cloud 2009). Für ihn führt fehlende Integrität zu dramatischen Schäden auf der Performance- und der Beziehungsebene. Er sieht in Integrität die Basis-Voraussetzung zum Erfolg.

In der Praxis zeigt sich, dass Mitarbeiter und Führungskräfte sich selbst häufig als integer empfinden. Natürlich liegt es mir fern zu behaupten, dass das nicht so ist. Sicher sind die meisten von uns bemüht, integer zu sein. Aber jeder von uns ist es auch zuweilen nicht – und das möglicherweise aus einem gut nachvollziehbaren Grund. Aber wenn wir davon ausgehen, dass nur 0,1 % der Mitarbeiter eines Unternehmens sich nicht integer verhalten, sind das bei 10.000 Mitarbeitern bereits zehn Mitarbeiter. Und diese Größe stellt bereits ein Gefahrenpotenzial dar. Immer wieder haben wir erlebt, dass das Fehlverhalten eines Einzelnen große Krisen auslösen kann, so zum Beispiel bei Lehman Brothers im Jahr 2008.

Leider ist es keine Erfolg versprechende Vorgehensweise, wenn wir versuchen, alle Arten des Fehlverhaltens zu eliminieren. Das ist nämlich nicht möglich. Jeder

Mensch macht Fehler und es ist unmöglich, immer alles richtig zu machen. Viel wichtiger ist es, dass Führungskräfte auch mit schwierigen Situationen umgehen können und einen guten Umgang mit Fehlverhalten lernen, denn das ermöglicht integres Verhalten. So ist beispielsweise die Redaktion des Nachrichtenmagazins „Der Spiegel" offensiv und proaktiv mit dem Fall eines Journalisten umgegangen, der viele seiner Artikel erfunden hatte, indem die Redaktion alles getan hat, um aufzuklären und nicht zu vertuschen.

Integrität ist kein aktueller Trend oder eine Modeerscheinung, es gab sie schon immer. Bereits im Mittelalter war integres Verhalten gefragt, damals wurde es ausgedrückt im „ehrbaren Kaufmann". Dieser musste sich so verhalten, dass es der Gemeinschaft nützte, und seine Glaubwürdigkeit immer wieder unter Beweis stellen.

Und auch die Richtlinien des „Davoser Manifests" – eines Verhaltenskodex, der von Managern und Unternehmern bereits 1973 gemeinsam ausgearbeitet wurde – haben bei den Führungskräften eine große Verantwortung und besondere Aufgaben im Unternehmen und in der Gesellschaft vorgesehen. Demnach sollen Führungsentscheidungen nicht allein auf den Unternehmenserfolg ausgerichtet sein, sondern auch die Interessen aller Bezugsgruppen (Kunden, Geldgeber und Gesellschaft) des Unternehmens berücksichtigen, ausgleichende Lösungen herbeigeführt werden, Fairness im Wettbewerb eine Rolle spielen, Innovationen, Ideen und technologische Fortschritte einbezogen und dazu noch von den Mitarbeitern akzeptiert werden.

Bereits seit fast 50 Jahren wird alljährlich über diese Grundsätze diskutiert. Auslöser waren die gesellschaftlichen Entwicklungen, die von der 68er-Bewegung ausgingen, begleitet von Protesten, terroristischer Gewalt und Misstrauen gegenüber dem Staat. Großunternehmen und die sogenannte Elite waren prägend, boten jedoch nicht ausreichend Stabilität und Souveränität für die Bevölkerung. Vor diesen Hintergründen entwickelten Unternehmer und Ökonomen den Grundsatzkatalog für Führungskräfte und ein Stakeholder-Modell, nach dem Gewinnmaximierung nicht mehr allein im Mittelpunkt stehen sollte, sondern auch gesellschaftlich relevante Ziele berücksichtigt werden müssen. Gemäß des Davoser Manifests sollte das Prinzip der Gewinn- und Rentabilitätsmaximierung zugunsten des Prinzips der gesellschaftlichen Verantwortung „im Sinne einer dienenden und interessenausgleichenden Rolle der Unternehmensführung" ersetzt werden. (Vgl. Weitzig 1979, S. 77).

Dennoch wird Integrität bisher häufig zweitrangig behandelt, wenngleich es in neuen Leitbildern vermehrt auftaucht. Alle bisherigen Ausführungen sprechen dafür, dass Integrität gelebt werden muss, um Wirkung entfalten zu können und um wirtschaftlichen Schaden vom Unternehmen abzuhalten. Das betrifft

Großunternehmen genauso wie kleine und mittlere Unternehmen. Je klarer das Management Integrität vorlebt, desto erfolgreicher kann es etwas bewirken.

Das „Edelman Trust Barometer" aus dem Jahr 2018 zeigt die Erwartungen an CEOs und befasst sich mit den Anforderungen und der Leistungswahrnehmung von CEOs in einer misstrauischen Welt (Edelman Trust 2018). Die Studie zeigt, dass alle Altersgruppen hoffen, dass CEOs ihre persönlichen Ziele und Visionen teilen, ihre Arbeit diskutieren und zeigen, was sie zum Wohl der Gesellschaft geleistet haben. 56 % erklärten, dass sie CEOs, die wichtige Themen ausklammern, nicht respektieren. Um Vertrauen zu erlangen, müssen sie mit gutem Willen vorangehen, authentisch sein und motivieren – alles Eigenschaften, die für integres Verhalten ebenfalls relevant sind.

Gerade in der heutigen Gesellschaft und in der Wirtschaft bietet Integrität nur Vorteile und ist zugleich ein Weg, um mehr Zuverlässigkeit und ein konstruktives Miteinander zu erreichen. Es setzt Verantwortungsbewusstsein für das eigene Handeln voraus und stärkt dadurch die Arbeitsbeziehungen sowie andere Bindungen und Zugehörigkeiten.

Da jeder Mensch auf der Suche nach Anerkennung ist – egal, auf welcher Hierarchieebene er sich befindet –, hilft auch hier Integrität. Es spricht die grundlegendsten Bedürfnisse an und bietet zugleich Schutz vor Verhaltensweisen, die wir nicht mit unserem Gewissen vereinbaren können. So ist zum Beispiel der Wunsch nach höherem Gehalt oder Beförderung als Wertschätzung bei allen Menschen vorhanden. Geben wir jedoch unsere persönliche Integrität auf, um Bestätigung (z. B. auf Kosten anderer) zu erhalten, kommen wir vom Weg ab und bewegen uns in eine Grauzone, die schon bald ethische und moralische Anforderungen missachtet.

Die Vorteile integren Verhaltens zeigen sich manchmal erst langfristig. So kann die Entscheidung, einen Auftrag nicht anzunehmen, weil sich der Auftraggeber unkorrekt verhält, möglicherweise kurzfristig Probleme bringen, langfristig aber auszahlen. Oder wenn eine Einsparungsmöglichkeit, die Nachteile für den Kunden mit sich bringt, abgelehnt wird, kann dies kurzfristig töricht wirken, langfristig aber vernünftig sein. Es ist wichtig, das langfristige Ziel im Auge zu behalten, selbst wenn diese Entscheidungen nicht immer beliebt sind. So ist auch zu erklären, warum es immer wieder vorkommt, dass Führungskräfte dieser Versuchung erliegen – sei es aus Gründen der Kostenersparnis, aus Bequemlichkeit oder auch aus Geltungsbedürfnis (bei Bestechung oder Korruption).

Zusammenfassend kann festgestellt werden, dass für integre Führungskräfte entscheidend ist, eine klare Haltung zu entwickeln und eindeutige Handlungsoptionen zu erarbeiten. Diese helfen, sich in schwierigen Situationen so zu entscheiden, dass die Führungskräfte integer bleiben können.

Führungskräfte können einen wesentlichen Beitrag zu einer verbesserten Glaubwürdigkeit innerhalb und außerhalb des Unternehmens leisten. Allgemein wird zwar von der Kultur und dem Verhalten eines Unternehmens gesprochen, doch nicht das Unternehmen, sondern die Menschen, die darin agieren, sind verantwortlich. Manager geben die Richtung vor, sie entscheiden, managen, handeln, leiten, führen und leben bestenfalls eine Unternehmenskultur vor, die sich auf die Mitarbeiter und das Umfeld überträgt. Deshalb unterstützt ethisches Führungsverhalten auch eine positive (emotionale) Identifikation innerhalb des Unternehmens.

Integrität ist eine wichtige Führungskompetenz, die durch Schulungen und Training weiterentwickelt werden kann, was die nachfolgenden Ansätze veranschaulichen.

Integres Führungsverhalten entwickeln und aufbauen

3

Die Auseinandersetzung mit Integrität erzeugt in Unternehmen immer auch einen gewissen Widerstand. Häufig wurde ich gefragt: „Wieso sollen wir uns mit Integrität beschäftigen? Glauben Sie vielleicht, wir sind nicht integer?" Das ist natürlich nicht der Fall. Viele bemühen sich darum, integer zu sein, abgesehen von wenigen Ausnahmen. Aber jeder von uns kennt auch Situationen, in denen er seinem eigenen Anspruch nicht ganz gerecht wurde.

Für jeden von uns ist definitiv noch „Luft nach oben" und man kann eigentlich gar nicht integer genug sein. Verbesserungsmöglichkeiten gibt es immer – sowohl für jeden persönlich als auch, wenn es darum geht, andere dabei zu unterstützen, integer zu sein.

Wie das im Detail aussehen kann, wird an den folgenden fünf Elementen von Integrität beschrieben:

Ausgehend von dem Modell aus Kapitel 2 gibt es fünf Elemente, die integres Verhalten unterstützen:

- Selbstbewusstsein – Ich hinterfrage mein Verhalten und werde dadurch mir Selbst bewusst.
- Sinnhaftigkeit – Ich überprüfe, warum ich etwas tue, und erforsche dazu meine Werte und Prinzipien.
- Verbindung – Ich baue Vertrauen auf und beziehe andere mit ein.
- Standhaftigkeit – Ich suche das Gespräch und toleriere andere Meinungen.
- Handlungsfähigkeit – Ich bin wirkungsvoll und kann dadurch mein Umfeld gestalten.

© Springer Fachmedien Wiesbaden GmbH, ein Teil von Springer Nature 2019

T. Keller, *Integrität als Führungskompetenz,* essentials,

https://doi.org/10.1007/978-3-658-25999-0_3

Welche Aspekte oder Faktoren uns dabei helfen, integres Verhalten weiterzuentwickeln, sehen Sie in Abb. 3.1.

Die Elemente auf der persönlichen Ebene (Selbstbewusstsein und Sinnhaftigkeit) bedürfen einer kritischen und ehrlichen Sicht auf sich selbst. Hier geht es darum, eine Metaebene einzunehmen und zu prüfen: Was tue ich da eigentlich manchmal? Ist es das Verhalten, das ich von mir erwarte? Und wie wichtig sind mir diese oder jene Themen?

Auf der Verhaltensebene sind Elemente angesiedelt, die mein Umfeld an mir wahrnimmt. Können sie erkennen, wie ich mit den anderen umgehe, ob ich standhaft bin und wie sehr meinen Worten dann auch Taten folgen? Meine

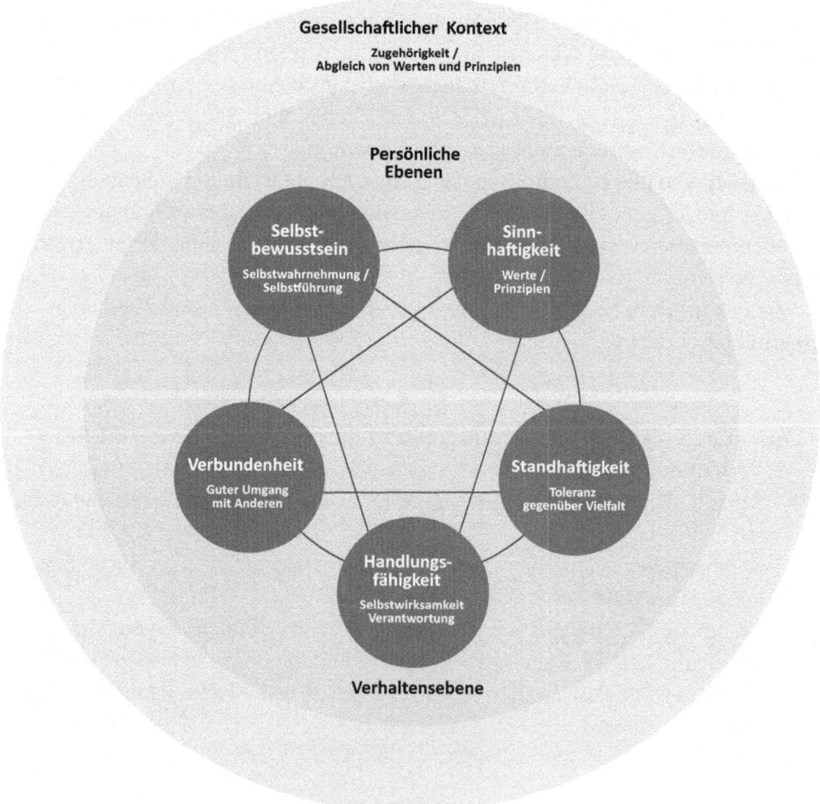

Abb. 3.1 Elemente von Integrität in der Umsetzung

Erfahrungen aus der Praxis zeigen, dass diese Elemente, sofern sie übertrieben werden, auch den gegenteiligen Effekt von Integrität haben können. Am offensichtlichsten ist dies bei der Standhaftigkeit. Als der US-amerikanische Präsident Donald Trump ganz Amerika lahmlegte, weil er unbedingt das Geld für die Mauer nach Mexiko haben wollte, war seine Standhaftigkeit so groß, dass sie fast starrköpfig wirkte.

Den gegenteiligen Effekt hat beispielsweise eine zu starke Verbundenheit. Dann kann es sein, dass ich gar nicht mehr handle, um ja niemandem „auf die Füße zu treten". Auch dies ist kein Zeichen von Integrität.

Entscheidend ist, dass die folgenden Elemente der Integrität achtsam entwickelt und genutzt werden. Zugleich sollten wir aber auch darauf achten, ob wir uns möglicherweise an eine Grenze begeben und Integrität dann ins Gegenteil kippt.

3.1 Selbstbewusstsein – Ich hinterfrage mein Verhalten

Nur wenige Menschen sehen ein, dass sie letztendlich nur eine einzige Person führen können und auch müssen. Diese Person sind sie selbst (Peter F. Drucker, Begründer der modernen Managementlehre).

Der Mensch unterscheidet sich vom Tier durch die Fähigkeit, abstrakt denken zu können, und hat entsprechende abstrakte Modelle wie das Rechtswesen, Religionen und Philosophie entwickelt (vgl. auch Harari 2015).

Selbstwahrnehmung ist eine weitere solche abstrakte Denkfähigkeit, durch die wir zu unseren Gedanken und Gefühlen eine beobachtende Haltung einnehmen können. Mit dieser beobachtenden Haltung können wir unsere Gefühle und Gedanken kritisch hinterfragen und projizieren unsere Verhaltensweisen sowie Ansichten nicht auf andere.

Unsere Selbstwahrnehmung bildet die Basis für das Selbstbewusstsein, für die Selbstbewertung und für die Selbsteinschätzung. Dabei handelt es sich um die Fähigkeit, eigene Gefühle, Emotionen, Reaktionen, Grenzen, Träume, besondere Eigenschaften und die persönliche Ausstrahlung wahrzunehmen und richtig einzuschätzen – also tief in sich hineinzuschauen und ehrlich mit sich selbst zu sein: merken, wie man sich fühlt, warum oder in welcher Situation man sich besonders spürt, was genau man empfindet oder wie man reagiert. Durch einen ehrlichen Blick auf uns selbst bekommen wir eine bessere Einschätzung von Situationen und Ereignissen. Wir entwickeln ein Gespür dafür, für welche Komplimente wir beispielsweise anfällig sind, in welchen Situationen wir anfangen, widerspenstig/stur zu werden, oder wann wir besonders emotional reagieren.

Unsere Wahrnehmung ist stark geprägt von bereits gesammelten Erfahrungen und Vorurteilen, die uns aber bei der Schematisierung von Erlebnissen helfen und den Umgang mit der großen Fülle von Informationen erleichtern. Wichtig ist es, sich immer bewusst zu machen, dass es keine „Wirklichkeit" gibt, sondern immer nur eine subjektive Wahrnehmung.

In einem Team-Workshop beklagten sich Teilnehmer, dass die Führungskraft während der Meetings immer nur „am Handy rumspielen und Nachrichten schreiben würde". Als die Führungskraft darauf angesprochen wurde, war sie über diese Vermutung ganz entsetzt. In Wirklichkeit machte sie sich Notizen zu dem Meeting, um nichts zu vergessen.

Viel zu schnell bewerten wir Dinge, die durch unsere Wahrnehmung beeinflusst sind, und reagieren ganz automatisch (ohne groß nachzudenken). In dem Beispiel zeigte sich, dass die Mitarbeiter sich nicht wahrgenommen fühlten und deshalb frustriert waren. Ihr erster Impuls war, sich über den Chef zu ärgern, der sich nicht für ihre Leistung interessierte. Diese Wahrnehmung zu überprüfen, half dem Team und der Führungskraft und ersparte weitere frustrierende Erlebnisse. Gerade deshalb ist es wichtig, seine Wahrnehmung immer wieder bezüglich seines eigenen Verhaltens, aber auch das der anderen zu hinterfragen. Meistens gibt es noch andere Perspektiven – denn jeder Mensch denkt und empfindet anders.

Im Coaching ist es immer wieder spannend zu erleben, wie ein neuer Blickwinkel zum Beispiel auf eine bestehende Situation, einen Konflikt oder eine Herausforderung erleichtert, die nächsten Schritte zu erkennen und/oder die Situation des anderen/Gegenübers besser zu verstehen. Gerade in Momenten und bei Sachverhalten, bei denen integres Verhalten hilfreich/notwendig ist, kann eine gute Selbstreflexion helfen, die subjektive Wahrnehmung zu überprüfen, um ein umfassenderes Bild von der Situation zu bekommen.

Eine ausgewogene Selbstwahrnehmung erfordert Mut, Ehrlichkeit und ein wenig Zeit. Im Alltag ist es oft nicht einfach, eine gute Selbstwahrnehmung zu entwickeln und sich auf das eigene Innere zu fokussieren, da wir permanent äußeren Einflüssen ausgesetzt sind. Unser Gehirn reagiert auf die unterschiedlichsten Eindrücke. In unserer Arbeitsroutine haben wir häufig automatische Reaktionen, die nicht unbedingt reflektiert sein müssen.

Dennoch kennt jeder von uns auch diesen inneren Dialog, wenn unterschiedliche Stimmen – zwei Seelen wohnen ach in meiner Brust – in uns „arbeiten" und wir uns zwischen diesen Stimmen entscheiden müssen, weil sie alle Teile unserer Persönlichkeit sind. Richard C. Schwartz hat das in dem Modell des „Internal Family Systems" zusammengefasst (Schwartz 2011).

Aufgrund seiner jahrelangen Therapiearbeit entwickelte er einen systemischen Ansatz, um mit den unterschiedlichen Aspekten und „Stimmen" einer Persönlichkeit zu arbeiten. Der Psychologe stellte fest, dass eine der wichtigsten Voraussetzungen für eindeutige Kommunikation die Selbstklärung ist. Dies erfolgt in Form eines fiktiven Teams, in dem jedes Teammitglied für einen Teil der Persönlichkeit steht. Alle wollen nur das Beste für den Teamchef, wobei jeder unterschiedlich ist, wie zum Beispiel laut, leise, dominant, impulsiv oder emotional. Die Eigenschaften stehen für die unterschiedlichen Lebenserfahrungen, die sich bei uns manifestiert haben (wie die Meinung der Partner, Eltern, Freunde oder der Gemeinschaft, in der sie leben). Der Teamleiter ist das „Ich".

Dieses Persönlichkeitsmodell tritt bei Entscheidungen in Kraft, wenn wir bewusst oder unbewusst pro und kontra abwägen und innere Stimmen „hören" oder spüren. Dann befinden wir uns an einem fiktiven Konferenztisch, hören den unterschiedlichen Meinungen zu, setzen uns damit auseinander und wägen die Standpunkte ab.

Ausschlaggebend ist zum einen, dass wir entscheiden, welcher unserer Persönlichkeitsteile gerade das Kommando übernimmt. Zum anderen ist es wichtig, sich bewusst zu machen, dass Verhaltensweisen, die nicht gut gelingen, nur einzelne Aspekte unserer Persönlichkeit sind und nicht unsere ganze Person infrage stellen. Wie wir dann mit diesen Teilen umgehen, zeigt sich in der Selbstführung (vgl. auch Dietz und Dietz 2012).

Wer sich selbst führen kann, handelt eigenverantwortlich, er setzt sich Ziele, geht seinen Weg und überprüft regelmäßig sein Handeln und Verhalten. Im Alltag sich selbst gerecht zu werden und zu führen ist eine Übungssache.

Folgende Fragen zu den eigenen Wesensmerkmalen helfen dabei:

- Gibt es Verhaltensweisen (bei anderen), die eine bestimmte Reaktion bei mir auslösen?
- Welche Verhaltensweisen an mir mag ich und welche würde ich gerne ändern?
- Was wirkt besonders auf mich und wie gehe ich damit um?
- Wie werden Emotionen oder Reaktionen beeinflusst?
- Welche Signale zeigen mir, dass ich angespannt bin (Magendrücken, Kopf- oder Rückenschmerzen, An-/Verspannung etc.)?
- Welche Persönlichkeitsteile stärken mich?

3.2 Sinnhaftigkeit – Ich überprüfe warum ich etwas tue

In Unternehmen erlebe ich immer wieder, dass Mitarbeiter und auch Führungskräfte Arbeiten durchführen, von denen sie fest überzeugt sind, dass diese Arbeiten keinen Sinn haben: sei es der Bericht, den niemand liest, ein Projekt, das nur durchgeführt wird, weil es das Mutterhaus so will, eine Zielvorgabe, die unrealistisch ist, Informationen, die aufbereitet werden und dann in der Schublade landen u.v.m. Dieses Gefühl von Sinnlosigkeit demotiviert und führt letztendlich dazu, dass niemand mehr die Aufgaben richtig ernst nimmt. Dadurch fallen Fehler oder Missstände nur selten auf. Verstehen aber alle Beteiligten, warum bestimmte Aufgaben wichtig sind und wie sie dazu beitragen, das Unternehmen vorwärts zu bringen, wird mehr Aufmerksamkeit (und auch kritische Reflexion) auf die Tätigkeit gelenkt.

Genauso steigt meine Glaubwürdigkeit, wenn ich vermitteln kann, warum ich etwas tue (oder nicht tue). Entscheidend ist also, mit allen Beteiligten klar und deutlich zu kommunizieren, um ihnen Sinn und Zweck einer Aufgabe oder Entscheidung zu vermitteln.

Und noch mehr gilt dies auf der individuellen Ebene: Sinn in etwas finden bedeutet, für sich selbst zu überlegen, welche Werte wichtig sind, welche Ereignisse, Personen oder Dinge unserem Leben Bedeutung geben. Denn Werte beeinflussen und steuern die gesamte Wahrnehmung und bewirken, dass auf dieselbe Situation völlig unterschiedliche Sichtweisen entstehen. So wird die wachsende Multikulturalität der Gesellschaft von den einen als Chance für Integration und Diversifikation gesehen, von anderen wird sie als Bedrohung der Tradition und Sicherheit wahrgenommen.

Wer seine Werte (durch Selbstreflexion) erkennt und lebt, ist stark, verliert nicht so schnell die Orientierung und wird auch als standfest wahrgenommen. Werte sind zum Teil tief in uns verankert und bilden – bewusst oder unbewusst – die Basis für unser Leben und den Umgang mit unseren Mitmenschen. Familie, Erziehung, Glauben, Schule, Ausbildung und andere Lebensphasen prägen uns und manifestieren unsere Werte. Werte geben uns Stabilität.

Jeder von uns wird individuell geprägt und muss selber herausfinden, wofür er steht. Es gibt Werte, die uns besonders wichtig sind, und andere, die uns eher zweitrangig erscheinen. Für mich ist beispielsweise Gerechtigkeit ein sehr wichtiger Wert, für den ich gerne bereit bin, mit anderen in die Auseinandersetzung zu gehen. Bei anderen Werten wie beispielsweise Selbstdisziplin kann ich dafür großzügiger sein.

> ▶   Allgemein handelt es sich bei Werten um erstrebenswerte Wesensmerkmale und moralisch oder ethisch positiv belegte Eigenschaften einer Person innerhalb einer Wertegemeinschaft.

Freiheit, Gerechtigkeit, Gleichheit, Solidarität, Frieden und Sicherheit gehören zu den Grundwerten unserer Demokratie und sind deshalb gesellschaftlich besonders anerkannt. Zu den persönlichen Werten zählen Wünsche und Vorstellungen wie

Unabhängigkeit, Selbstbestimmung oder -verwirklichung, Erfolg, Gesundheit, Glück und vieles mehr.

Selbst zwischen unseren Werten kann es zu Zielkonflikten kommen. So kann z. B. der zunehmende Drang nach Freiheit und Selbstverwirklichung in Konkurrenz zu gemeinschaftlichem Engagement stehen. Hier könnten Vorbilder zur Orientierung und Nachahmung eine Hilfestellung sein, oder wir wägen die Bedeutung der Werte für uns oder für die jeweilige Situation ab.

Entscheidend ist, dass Werte uns eine Zielvorstellung vermitteln und damit unser praktisches Verhalten beeinflussen. In der Regel haben Werte eine gewisse Stabilität, sie geben Orientierung und sind für die Gemeinschaft und das Zusammenleben bedeutsam. Deshalb haben bereits viele Unternehmen als Fundament und Leitlinie für die Mitarbeiter Unternehmenswerte definiert. So hat beispielsweise die Firma Haniel vor einigen Jahren unter Einbeziehung der Gesellschafter, des Vorstandes und der Direktoren sechs Unternehmenswerte und einen Wertekompass entwickelt, um den Mitarbeitern die Unternehmenskultur zu verdeutlichen. Zugleich können aber auch potenzielle Bewerber prüfen, ob sie zum Unternehmen passen. Anhand des Wertekompasses können die Werte (wie Verantwortung übernehmen, Mitarbeiter stärken, Wandel gestalten) durch sechs Situationen getestet werden. Die Antworten des Nutzers werden gesammelt und mit der Sichtweise des Unternehmens abgeglichen. Das Ergebnis zeigt, wie sehr der Nutzer auf „Haniel-Kurs" liegt (oder eben nicht …). Und für die Mitarbeiter werden so die Haniel-Werte konkreter „erlebbar" gemacht.

Wenn sich aus den Werten Denkmuster, Handlungsmuster oder Charaktereigenschaften bilden und gelebt werden, zeigt sich integres Verhalten. Die Umsetzung, der festgelegten Werte hat eine große Bedeutung für die Glaubwürdigkeit des Unternehmens.

Kritiker sehen darin eine Moralisierung der Wirtschaft. Sie vermuten, dass Unternehmen erstrebenswerte Tugenden und Werte für sich in Anspruch nehmen, diese aber dann doch nicht wirklich leben. Eine Umfrage der Wertekommission aber zeigt, dass Führungskräfte werteorientiertes Arbeiten für einen wichtigen Erfolgsfaktor halten (Hattendorf und Heidbrink 2018). Knapp 80 % der Befragten gaben an, dass ethikorientiertes Handeln wichtig bis sehr wichtig für ein gutes Führungsverhalten ist. Interessanterweise stehen dabei Verantwortung, Vertrauen und Integrität an oberster Stelle. Auch immer mehr Abnehmer hinterfragen die Produktion oder die Herkunft von Produkten und bevorzugen Anbieter, denen sie vertrauen. Das fängt bei der Herstellung an und geht weiter über die Logistik bis hin zur Verpackung.

Durch die nachfolgende Übung können Sie Ihre persönlichen Werte erkennen:

Übung

Überlegen Sie kurz, welche Lebensbereiche für Sie wichtig sind (zum Beispiel Beruf, Familie, Freunde oder Vereinsleben). Überlegen Sie dann, welche Werte in diesen verschiedenen Bereichen für Sie von Bedeutung sind.

Stellen Sie sich in Gedanken vor, Sie feiern Ihren neunzigsten Geburtstag. Aus jedem Lebensbereich möchte eine Person gern eine Rede auf Sie halten. Was würden Sie sich wünschen, das gesagt wird? Diese Methode ist sehr effektiv und zeigt schnell auf, worauf Sie Wert legen (vgl. Keller 2016).

Wenn wir unsere Werte kennen und überprüft haben, wie sie zu den Werten unseres Umfeldes passen, schützt dies uns dennoch nicht vor inneren Wertekonflikten. Selbst die Werte, die nur uns selbst wichtig sind, können miteinander konkurrieren. Gerade im Zusammenhang mit Familie und Beruf höre ich immer wieder von inneren Konflikten. Wir wollen unsere Arbeit gut machen, sind entsprechend engagiert und motiviert, doch gleichzeitig wollen wir den privaten Anforderungen gerecht werden – sei es, dass wir zur Hochzeit eines Freundes wollen, die Mutter Unterstützung braucht oder die Kinder Probleme in der Schule haben. Da fällt es – auch wenn wir uns unserer Werte bewusst sind – nicht immer leicht zu entscheiden, was nun im Vordergrund stehen soll. Von Vorteil ist es dann, wenn wir selber wissen, wann wir welchen Themen den Vorzug geben, und das auch offen und ehrlich kommunizieren. Es ist wichtig, hier eine innere Balance zu finden. So erzählte mir ein Vorstand, dass er sehr stolz darauf war, es geschafft zu haben, bei der Einschulung seiner Tochter dabei gewesen zu sein. Es war sein innerer Anspruch an sein Verständnis als Familienvater und hatte in dieser Situation für ihn eine hohe Priorität.

Sinnhaftigkeit können wir aber auch ganz einfach über unsere Sinne erfahren. Sinnliche Erlebnisse wie beispielsweise in der Natur oder mit der Familie helfen uns, wieder den Blick auf das große Ganze zu bekommen. Jeder, der eine außergewöhnliche oder besonders schöne Erfahrung gemacht hat – egal ob seelischer oder körperlicher Art –, weiß, wie erfüllend das ist. Für den einen ist es ein schöner Sonnenuntergang, der andere genießt den Blick über eine Bergkette nach erfolgreichem Aufstieg oder auch ein gutes Essen mit Freunden. Diese Momente berühren uns und machen uns zufrieden.

Sinnvolles Handeln macht uns aktiver, motivierter, zufriedener etc. Es tut uns gut, wenn wir uns für das einzusetzen, was uns wichtig ist. Was also hält uns davon ab, dem Sinn unseres Handelns mehr Raum zu geben? Woran liegt es, dass wir viel häufiger lediglich reagieren als agieren? Warum verlieren wir immer wieder die Dinge aus den Augen, die uns eigentlich wichtig sind?

3.3 Verbundenheit – Ich baue Vertrauen auf

In jeder Stellenanzeige, bei jedem Assessment Center – immer wieder wird die Teamfähigkeit von Personen hinterfragt. Schon im Studium üben wir, teamfähig zu sein. Wie kommt es, dass bei Auswahlprozessen die Teamfähigkeit oder auch die zwischenmenschlichen Beziehungen manchmal sogar wichtiger sind als Fachkenntnisse und Erfahrungen? Das liegt schlicht und einfach daran, dass Zusammenarbeit und Miteinander maßgeblich die Qualität unserer Leistung, unsere Resilienz, aber auch unseren gesundheitlichen Zustand, eigentlich unser ganzes Sein bestimmen. Jeder von uns, der schon einmal in einem Team gearbeitet hat, kann das bestätigen. Nichts ist so motivierend, wie mit seinen Kollegen gemeinsam einen Erfolg zu erreichen. Und nichts ist so kräftezehrend wie persönliche Auseinandersetzungen. In Unternehmen können Unstimmigkeiten zwischen zwei Mitarbeitern zeitweilig eine ganze Abteilung lahmlegen.

Damit wir aber integer sein und auch schwierige Situationen gut aushalten können, brauchen wir Mitstreiter oder zumindest ein Umfeld, in dem wir uns trauen, kritische Dinge anzusprechen, Fehler einzugestehen oder Sorgen auch einmal offen zuzugeben.

Betrachtet man gefallene Persönlichkeiten aus der Wirtschaft oder Öffentlichkeit, zeigt sich, dass sie häufig allein waren. Ihnen fehlten Freunde oder ein Bezugsrahmen, aus denen sie genügend Kraft ziehen konnten, um sich selber treu zu bleiben. Ein einsamer Manager kämpft allein und fällt gegebenenfalls auch allein. Ihm fehlt der Rückhalt seines Teams oder seiner Kollegen.

Dafür gibt es einen einfachen Grund: Der Mensch ist ein soziales Wesen. Er ist angewiesen auf die anderen, er kann nur im Austausch mit anderen überleben. Das geht sogar so weit, dass Forscher festgestellt haben, dass Einsamkeit noch gesundheitsschädlicher ist als das Rauchen von 15 Zigaretten pro Tag.

Wir Menschen haben ein Bedürfnis nach Aufmerksamkeit, Zugehörigkeitsgefühl und Verbundenheit. Die unendlichen Posts bei Instagram, SnapChat und Facebook zeigen jeden Tag, wie wichtig es für uns ist, wahrgenommen zu werden. Und sobald wir Likes, Antworten oder Kommentare bekommen, haben wir das Gefühl dazuzugehören.

Damit wir uns eingebunden fühlen können, ist aber auch ein guter Umgang mit unserer Umgebung notwendig. Wenn wir anständig miteinander umgehen, zeigen wir Achtung und Respekt. Selbst wenn der Begriff Anstand auf den ersten Blick altmodisch wirkt, hat er gerade in unserer freien, selbstbestimmten Gesellschaft eine wichtige Bedeutung. Er bestimmt das Miteinander und hilft im Umgang miteinander (vgl. auch Hacke 2017).

Wenn wir integer sein möchten, müssen wir offen, ehrlich und wertschätzend (meine eigenen Werte und die des anderen schätzend) kommunizieren. Das bedeutet, dass wir aufmerksam zuhören, was unser Gegenüber uns zu sagen hat, welche Sorgen und Bedenken ihn beschäftigen, und dadurch seinen Standpunkt verstehen. Wir respektieren seine Meinung und akzeptieren die andere Haltung. Dennoch kommunizieren wir unsere Meinung, um sie für den anderen nachvollziehbar und verständlich zu machen.

Dadurch erreichen wir Transparenz und Verlässlichkeit („Ich sage, was ich tue!"), damit andere uns verstehen können. Offenes Feedback, aktives Zuhören, Fehlertoleranz und Gedankenaustausch sind nur einige Stichworte, die wichtig für einen empathischen Umgang miteinander sind.

Grundsätzlich ist es immer besser, sich (kontinuierlich) Rückendeckung zu holen, Feedback einzufordern und möglichst auch gemeinsam Ziele zu verfolgen. So können Rückschläge zusammen getragen und Durststrecken mit gegenseitiger Motivation überwunden werden. Wenn gemeinsam Ziele und Werte definiert werden, entsteht eine Verbundenheit. Und diese verleiht wesentlich mehr Durchsetzungsvermögen, als allein gegen alle zu kämpfen. Gemeinschaft und Austausch schaffen neue, möglicherweise wesentlich bessere Chancen. Um persönlich integer zu sein, brauchen wir diese.

Das offene Wort einer Führungskraft bezüglich seiner Sorgen in einer herausfordernden Situation (durch Kommunikation auf Augenhöhe) kann bei den Mitarbeitern Vertrauen schaffen – wesentlich eher als ein allwissender und alleskönnender Chef.

Immer wieder erlebe ich, dass das offene Ansprechen von Befürchtungen und Sorgen zu einer fruchtbareren Zusammenarbeit führt. Die Basis ist ein Umfeld, das dafür Verständnis hat. Dann fällt es allen wesentlich leichter, integer zu sein. Auf eine integre Person kann man sich verlassen. Sie steht für Glaubwürdigkeit und Zuverlässigkeit und sie kann deshalb andere begeistern und mitziehen.

Auch Manager können dann mit Sorgen besser umgehen. Wenn sie ihre Ängste dagegen ignorieren, werden sie größer. Im gegenseitigen Austausch können aber neue Möglichkeiten entstehen, die letztendlich für alle hilfreich sind.

Für jeden von uns ist es dennoch unmöglich, sich immer entsprechend allen Anforderungen zu verhalten. Immer wieder ist es notwendig, bestimmte Impulse im zwischenmenschlichen Bereich zu unterdrücken. Wenn der Kollege uns mit seinen Fragen nervt, wenn ein Kunde noch die x-te Besonderheit möchte oder ein Mitarbeiter mal wieder seine Aufgaben nicht so erledigt hat, wie wir es uns wünschen, dann könnten wir regelrecht aus unserer Haut fahren. Aber genau in diesem Moment ist es besser, sich selber treu zu bleiben und zu überlegen, welche Motivation, Beweggründe oder Veranlassung der andere für sein Verhalten hat. Durch Fragen, aktives Zuhören und tatsächliches Interesse ist es in der Regel schneller möglich, potenzielle Meinungsverschiedenheiten oder unterschiedliche Standpunkte auszuloten.

3.4 Standhaftigkeit – Ich suche das Gespräch

> Ein Gespräch setzt voraus, dass der andere recht haben könnte! (Hans Georg Gadamer, deutscher Philosoph).

Es ist immer wieder zu lesen, dass Integrität überhaupt erst durch Standhaftigkeit zum Tragen kommt. Wenn der Betroffene trotz Widerständen oder Konsequenzen an seinem Standpunkt festhält, dann ist er integer. Dagegen ist jemand, der auf Gegendruck mit Meinungsänderung reagiert, nicht integer.

Dabei kann Standhaftigkeit wirklich schwerfallen, vor allem wenn dadurch potenzielle Nachteile entstehen können. Der Verzicht auf einen Auftrag, weil der Kunde nicht die notwendige Haltung zeigt, die Akzeptanz von höheren Kosten zugunsten eines ethischen Ziels oder die Gefahr des Karriereknicks aufgrund unangemessener Seilschaften sind alles Gründe, die uns in einen Konflikt hinsichtlich unseres Integritätsanspruchs bringen können. Entscheidungen sind manchmal schwer und erfordern Mut. Deshalb versuchen wir mitunter, unseren Standpunkt mit Tricks durchzubringen. Aber Versuche, zu manipulieren, zu übervorteilen oder zu übertrumpfen, erzeugen eher Widerstand. Eine gute Überzeugungskraft zeigt sich in der Fähigkeit, mit Widerständen konstruktiv umzugehen und das Gegenüber mit einzubeziehen. Dabei geht es nicht darum, andere auf unsere Seite zu ziehen, etwas durchzusetzen oder zu beeinflussen. Vielmehr ist Standhaftigkeit darauf ausgerichtet, sich auch bei Widerständen zu bemühen, seine Meinung zu vermitteln und die dahinterstehenden Werte nicht aus den Augen zu verlieren. Versuchen wir es dagegen mit Druck, erzeugen wir schnell eine Abwehrhaltung bei unserem Gegenüber.

Die Vorteile integren Verhaltens sind häufig langfristiger Natur. Es zeigt sich aber immer wieder, dass integres Verhalten und damit einhergehend die Standhaftigkeit in schwierigen Situationen dem Einzelnen vor allem Zufriedenheit, aber auch Begeisterung und neue Kraft schenken.

Erstaunlicherweise erzeugt eine klare und überzeugte Kommunikation nicht automatisch so viel Widerspruch, wie wir vielleicht erwarten. Ganz im Gegenteil: Häufig führt ein konkret geäußerter Standpunkt plötzlich zu völlig neuen Ideen und Gedanken, die vorher nicht vorhanden waren.

Mit Überzeugungskraft ziehen wir nicht den anderen mit allen zur Verfügung stehenden Mitteln auf unsere Seite, sondern wir versuchen zuerst zu verstehen, wo der andere steht, was für ihn die wichtigen Punkte sind und welchen Nutzen er sucht, um ihm dann unseren Standpunkt gewissermaßen zu beweisen.

Die Geschichte von der „Harvard-Orange" veranschaulicht das sehr gut: Zwei Personen möchten gerne eine Orange haben, doch es ist nur noch eine da. Die klassische Methode wäre nun, die Orange in zwei gleich große Hälften zu teilen. Die Harvard-Methode dagegen empfiehlt, erst einmal zu hinterfragen, wofür diese Orange benötigt wird. Möglicherweise benötigt die eine Person nur die Schale für einen Cocktail oder einen Kuchen, und die andere Person möchte den Saft. Dann könnten beide Bedürfnisse zu 100 % befriedigt werden. Voraussetzung ist auch hier, die Bedürfnisse und Position des anderen zu erkennen und zu verstehen.

Es ist kaum möglich zu überzeugen, wenn der Betreffende das Gefühl hat, „Da stimmt was nicht", „Da komme ich zu kurz" oder wenn er spürt, dass der andere nicht integer ist. Überzeugungsarbeit ist deshalb ohne eine angemessene Berücksichtigung der beteiligten Gefühlswelten nicht möglich. Wenn ich das Vertrauen einer Person gewonnen habe, ist es dagegen leicht zu überzeugen. Ist dies nicht der Fall, dann nützen auch die besten Argumente wenig, wie wir alle aus leidvoller Erfahrung wissen. Menschen, die andere überzeugen wollen, müssen Energie in die Analyse der unterschiedlichen Gefühlslagen investieren. Häufig werden neue Ideen oder Maßnahmen abgelehnt aus der Ungewissheit heraus, welche Konsequenzen diese Vorgehensweisen haben werden. Verstehen wir die Hintergründe und haben das Gefühl, dass unsere Bedürfnisse verstanden wurden, sind wir in der Regel Veränderungen und Maßnahmen gegenüber aufgeschlossener.

Ein glaubwürdiges Auftreten *(ethos)* gibt den Beteiligten Sicherheit und Vertrauen und dadurch auch die Bereitschaft, sich auf Neues oder Ungewohntes einzulassen. Damit wir ein glaubwürdiges Auftreten haben, müssen wir uns aber vorher selber so mit der Thematik beschäftigen, dass wir dazu stehen können. Hier zeigt sich erneut die Verbindung der Elemente untereinander. Unsere Glaubwürdigkeit erhöht sich auch dadurch, dass wir den Sinn und Zweck einer Maßnahme verstehen.

In Unternehmen stehen einige Faktoren im engen Zusammenhang mit integrem Verhalten und beeinflussen die Standhaftigkeit. Dazu zählen beispielsweise, für sich selbst richtige Prioritäten zu setzen, eine gewisse Fehlertoleranz zum Beispiel bei unvorhergesehenen Umständen oder geänderten Zielvorgaben zuzulassen und offen für Vielfalt oder Veränderungen zu sein.

Im Führungsalltag gibt es immer wieder Situationen, in denen wir andere dazu bringen müssen, ihren eigenen Standpunkt zurückzustellen und sich der Auffassung des Managements anzuschließen. Am besten gelingt dies auf der Basis gegenseitigen Vertrauens und gegenseitiger Wertschätzung. Gute Argumente können dabei hilfreich sein (sie schaden nicht), aber sie sind nicht so entscheidend wie die persönliche Glaubwürdigkeit des Einflussnehmenden und die Berücksichtigung der grundlegenden Bedürfnisse des zu Überzeugenden.

Immer und überall treffen wir auf unterschiedliche Meinungen. Was für uns richtig und wichtig ist, kann für andere unbedeutend und nicht zielführend erscheinen. Konflikte und Meinungsverschiedenheiten entstehen häufig, weil nicht die Sache, sondern eine Person im Vordergrund steht. Auch hier sollte man nicht gleich abblocken, sondern überlegen, welche Pläne, Ideen, Sorgen und Bedürfnisse unser Gegenüber hat, und wie man gemeinsam zum Erfolg kommt. Optimismus und Authentizität erhöhen dabei maßgeblich die Wirkung und bekanntermaßen „führen viele Wege nach Rom".

Standhaftigkeit ist eines der wichtigsten, aber auch schwierigsten Elemente von Integrität. Aber gerade sie macht den Unterschied aus. Jeder von uns kennt das Gefühl, wenn er es geschafft hat, einer Versuchung zu widerstehen, einen Standpunkt auf faire und kooperative Weise durchzusetzen, überzeugend eine neue Sichtweise eingebracht hat. Oder das Empfinden, wenn er im Arbeitsalltag oder im Meeting, womöglich sogar zum Geschehen der Gesellschaft einen wesentlichen Beitrag geleistet hat. Wir fühlen uns wirksam. Welche Kraft dahintersteht, werden wir im folgenden Kapitel sehen.

3.5 Handlungsfähigkeit – Ich bin wirkungsvoll

> Falls du glaubst, dass du zu klein bist, um etwas zu bewirken, dann versuche mal zu schlafen, wenn eine Mücke im Raum ist (Dalai Lama).

Integrität wird offensichtlich, wenn ich die Dinge tue, die ich sage. Was passiert, wenn nur über Integrität gesprochen wird, die Handlungen aber davon abweichen, erleben wir in den Nachrichten immer wieder.

Unabhängig von der Außenwirkung haben Handlungen einen großen Einfluss auf uns selbst. Wir selber fühlen uns gut, wenn wir das tun können, was uns wichtig ist und wofür wir stehen. Oder wenn wir Einfluss auf das Geschehen nehmen können (so wie im vorangegangenen Kapitel beschrieben). Wir spüren unsere Wirksamkeit und merken, wie wir unsere Kompetenzen nutzen. Wir spüren, dass es einen Unterschied macht, ob wir uns einbringen oder nicht. Der amerikanische Psychologe Albert Bandura hat in den 1970er Jahren diesbezüglich den Begriff der Selbstwirksamkeit entwickelt (Bandura 1997).

Selbstwirksamkeit wird laut „Lexikon der Psychologie" als „die Überzeugung einer Person, auch schwierige Situationen und Herausforderungen aus eigener Kraft erfolgreich bewältigen zu können", definiert.

Die wegweisenden Forschungsarbeiten von Bandura führten vor allem zu der Erkenntnis, dass Menschen meistens nur dann eine Handlung beginnen, wenn sie davon überzeugt sind, diese tatsächlich auch erfolgreich ausführen zu können. Haben sie diese Selbstwirksamkeits-Überzeugung nicht, nehmen sie die Aufgaben nicht an.

So führt Selbstwirksamkeit beispielsweise dazu, dass Sportler ihre Leistungen weiter steigern, süchtige Menschen ihre schädlichen Verhaltensweisen ändern oder ängstliche Menschen ihre Phobien überwinden. Im Berufsleben zeigt sich, dass Arbeiter eine höher wahrgenommene Selbstwirksamkeit als Angestellte haben. Das ist vor allem auf ihren direkten sichtbaren Erfolg zurückzuführen: Ob Handwerker, Putzfrau oder Umzugshelfer – sie alle können schnell sehen, was sie geleistet haben. Bei geistigen Tätigkeiten dagegen ist das Resultat erst später oder wesentlich schwerer festzumachen. Und dabei stärken gerade Erfolgserlebnisse die Selbstwirksamkeitsüberzeugung – eine Tatsache, die in jenen Berufsfeldern mit geistigen oder organisatorischen Tätigkeiten nicht einfach zu lösen ist, da gerade die unmittelbare Bestätigung oft fehlt.

Und so ist auch zu erklären, warum in Teams häufig Unzufriedenheit entsteht und wir immer wieder das Gefühl haben, selber nichts ausrichten zu können. Nicht selten höre ich in der Auftragsklärung den Satz: „Aber passen Sie bitte auf, dass meine Mitarbeiter nicht die ganze Zeit jammern, wie schlecht alles läuft." Tatsächlich wird überall dort gejammert, wo das Gefühl vorherrscht, nichts ändern zu können.

Nur wenige wissen, dass wir enorm viel Energie sparen könnten, wenn wir bewusst unterscheiden zwischen den Themen, auf die wir aktiv Einfluss nehmen können, und den Themen, die wir nicht ändern können. Spätestens wenn wir unzufrieden sind und anfangen zu jammern, sollten wir damit beginnen, uns ausdrücklich zu beobachten und Fragen nach dem tatsächlichen persönlichen Einfluss zu stellen: Kann ich etwas ändern? Habe ich Einfluss auf die Situation? Und wie kann ich auf bestimmte Situationen einwirken?

Sehr oft regen wir uns über Dinge auf, auf die wir gar keinen Einfluss haben: angefangen beim Wetter über eine Fußballmannschaft, die allgemeine

Wirtschaftslage bis hin zum Verhalten von irgendwelchen Promis u.v.m. Natürlich darf man sich darüber aufregen, aber es hilft nichts – weder uns noch jemand anderem. Wir werden definitiv nichts daran ändern können.

Verändern können wir aber Dinge, die in unserem eigenen Einflussbereich liegen: wie wir mit anderen Menschen umgehen, wie und mit wem wir arbeiten, mit welchen Themen wir uns beschäftigen wollen (welche Filme, welche Bücher etc.), wie wir leben wollen (sportlich oder doch eher gemütlich) usw. Über alle diese Dinge können wir uns aufregen, oder wir können sie ändern – denn sie liegen in unserer Verantwortung.

Übung

Wenn Sie mit einer Situation unzufrieden sind, dann überlegen Sie, inwieweit Sie Einfluss auf die Situation haben. Ist die Situation innerhalb Ihres Einflussbereichs, oder wie Stephen Covey es nennt, in Ihrem „Circle of Influence" (Covey 2010)? Dann überlegen Sie sich, wie Sie proaktiv die Situation angehen und sie verändern können. Und überlegen Sie, welche Dinge, die Sie beschäftigen, außerhalb Ihres Einflussgebiets liegen. Covey nennt jenen Bereich, auf den wir keinen Einfluss haben den „Circle of Concern". Hier befinden sich Themen wie das Wetter oder die allgemeine wirtschaftliche Lage. Bei solchen Themen muss jeder für sich selber entscheiden, welche Einstellung und Haltung er dazu haben will. Können Sie vielleicht Ihre Perspektive ändern oder der Angelegenheit etwas Gutes abgewinnen (z. B. langweilige Autofahrten nutzen für Hörbücher)?

Wer handelt und versucht, seine Einflussmöglichkeiten zu erweitern, stärkt sein Gefühl der Selbstwirksamkeit. Dann wird er nicht mehr von den Rahmenbedingungen eingeengt, sondern erweitert seine Handlungsmöglichkeiten und löst Probleme, die bisher wertvolle Energie geraubt haben.

Deshalb müssen wir uns immer wieder die Frage stellen, was uns beschäftigt oder ärgert und ob wir es verändern können (bzw. in welchem Kreis sich das Thema befindet). Wenn wir Einfluss nehmen können, müssen wir aktiv werden und überlegen, was wir tun können („proaktiv" werden).

Wichtig ist es, den Blickwinkel zu ändern und den Fokus auf das Beeinflussbare zu richten. Den Chef, Kollegen oder das Unternehmen können wir nicht ändern. Also bleiben uns die Alternativen, entweder unsere Einstellung zu überdenken, unsere Einflussmöglichkeiten zu überprüfen oder wenn nicht anders möglich zu entscheiden, die Situation zu verlassen.

> **Merke:** Entscheidend sind zwei Fragen: Kann ich die Situation beeinflussen? Und wenn ja, zu einem Aufwand der es mir Wert ist? Lautet die Antwort zweimal ja, dann kann ich das Problem angehen. Wenn die Antwort nein lautet, sollte man das Problem loslassen.

3.6　Gesellschaftlicher Kontext

Ob und in welcher Weise unsere Werte mit denen unseres Umfeldes übereinstimmen ist ein ständiger Abstimmungsprozess. In Form von vielen kleinen Tätigkeiten findet dieser Abgleich ganz nebenbei (und automatisch) statt. Ob wir im Flur zufällig aufschnappen, dass „dem Meier" neulich wieder „was ganz Peinliches passiert ist". Oder warum „die Schmitt" neulich „so ein dickes Lob bekommen hat", obwohl es eigentlich ein anderer verdient hätte. Was wie böser Klatsch klingt, ist in Wirklichkeit auch eine Rückversicherung für uns. Wir überprüfen damit, ob die anderen die Situation genauso einschätzen oder was sie von der Person halten.

In Forschungsarbeiten der Universität Oxford stellte Professor Robin Dunbar fest, dass wir über 60 % der Zeit, die wir miteinander reden, dafür aufwenden, über andere zu reden (Dunbar 1998, S. 225). Davon entfallen glücklicherweise nur fünf Prozent auf das Lästern (wie oben überzeichnet dargestellt). Der Austausch übereinander hilft uns aber zu verstehen, welchen Wertemaßstab andere anlegen.

Da Werte einem ständigen Wandel unterliegen, müssen wir diese immer wieder überprüfen. Aktuell ist es anscheinend in manchen Kreisen nicht mehr so schlimm, rassistische Aussagen zu machen, oder ein Kompliment für das gute Aussehen einer Frau kann derzeit schnell in die falsche Richtung gehen und als sexistisch interpretiert werden. Um uns integer verhalten zu können, müssen wir die gesellschaftlichen Rahmenbedingungen kennen.

Am leichtesten sind diese Unterschiede bei interkulturellen Zusammenarbeiten zu sehen. Ein britischer Manager berichtete mir von seinem Auftrag, Einsparmaßnahmen in einer niederländischen Tochtergesellschaft durchzuführen. Er ging so vor, wie er es in Großbritannien gewohnt war: Er prüfte die Personalpläne und ordnete daraufhin an, in welchen Niederlassungen wie vielen Mitarbeitern gekündigt werden sollte. Die Niederländer waren total geschockt von dieser direkten Vorgehensweise, die aus ihrer Sicht ohne jegliche Empathie stattfand. Sie boykottierten daraufhin jede weitere Maßnahme und das Projekt wurde abgebrochen.

In vielen Unternehmen gibt es Fragestellungen, die sich durch Regeln, Werte und Prinzipien etablieren: Wie man Kritik äußert, der angemessene Kleidungsstil, der Umgang mit Vorgesetzten oder Kollegen, die Art und Weise, wie Kunden behandelt werden, Urlaubsplanung oder Homeoffice sind nur einige Beispiele,.

Um Integrität leben zu können, ist es wichtig, Regeln und Unternehmensprozesse zu kennen. Nicht um sie alle einzuhalten, denn das muss jeder für sich entscheiden. Möglicherweise ist auch das Hinterfragen dieser Prinzipien Teil unseres integren Verhaltens. Entscheidend ist, dass wir nach bestem Wissen und Gewissen handeln.

Implementierung im unternehmerischen Kontext   4

Integrität in Unternehmen einzuführen und tatsächlich langfristig umzusetzen ist nicht einfach! Denn es ist ja kein Konzept, das eingeführt wird, sondern eine Haltung. Da hilft es wenig, wenn ein Integritätsmanagement etabliert und einer bestimmten Abteilung die Zuständigkeit übertragen wird. Integrität betrifft jeden Einzelnen: vom Aufsichtsrat über den Vorstand und das Top-Management bis hin zu den Mitarbeitern. Sie alle müssen in das Thema und die Implementierung einbezogen werden.

Interessanterweise höre ich immer wieder Argumente, warum gerade keine Gelegenheit ist, um sich dem Thema Integrität anzunehmen. Entweder kann sich das Unternehmen gerade nicht um Integrität kümmern, weil die Geschäfte gerade so gut laufen, oder das Unternehmen kann sich gerade nicht um Integrität kümmern, weil die Geschäfte gerade so schlecht laufen. In beiden Fällen wird Integrität hintenangestellt, da in anderen Bereichen vermeintlich Wichtigeres zu tun ist.

Die Entwicklung einer integren Haltung ist nichts, was man delegieren oder aufschieben kann, so wie beispielsweise den Aufbau eine Betriebskindergartens und einer Kantine. Es ist eine Haltung, die in der Unternehmensstrategie verankert sein muss. Und diese Haltung muss von jedem Einzelnen verstanden und akzeptiert werden. Dazu gehört, dass Integrität als wichtiges Ziel und gleichrangig mit anderen Zielen anerkannt wird. Kostenminimierung ist zwar wichtig, aber nicht um jeden Preis und auf Kosten von Integrität. Die wirtschaftlichen Ziele eines Unternehmens müssen realistisch angesetzt sein, und es sollten auch qualitative Ziele mit einbezogen werden. Integres Handeln muss letztendlich Teil der gelebten Unternehmenskultur werden, sodass alle die Verantwortung daran tragen – nach außen und nach innen.

© Springer Fachmedien Wiesbaden GmbH, ein Teil von Springer Nature 2019   37
T. Keller, *Integrität als Führungskompetenz,* essentials,
https://doi.org/10.1007/978-3-658-25999-0_4

Deshalb reicht es auch nicht aus, die Compliance-Abteilung damit zu beauftragen, Integrität zu implementieren. Auch die Benennung eines Integritätsbeauftragten – in der Hoffnung, dass damit alles erledigt ist – löst die Aufgabe nicht.

Mitarbeiter und Angestellte müssen genauso für Integrität sensibilisiert werden wie Führungskräfte. Sie sollten die Möglichkeit erhalten, sich mit den Begrifflichkeiten auseinanderzusetzen und ein gemeinschaftliches Verständnis im Unternehmen aufzubauen. Diese Stelle kann dann im Austausch mit den jeweiligen Abteilungen unterschiedliche Ansätze entwickeln, wie das Thema im Unternehmen kommuniziert und umgesetzt wird. Das können Fortbildungsmaßnahmen und Schulungen sein, aber auch Diskussionsforen, Veranstaltungen oder Ähnliches.

Die Implementierung eines Integritätsmanagements sollte sowohl ein Top-down- als auch ein Bottom-up-Prozess sein. Zum einen muss sich die oberste Führungsebene mit dem Thema beschäftigen und Integrität wirklich vorleben. Zum anderen sollte das Potenzial der Mitarbeiter genutzt werden, damit sie neue Ideen und Erfahrungen einbringen und sich so auch mit dem Thema identifizieren können. Dadurch entwickelt sich Integrität zu einem zentralen Bestandteil der Unternehmenskultur.

Für eine konsequente Umsetzung des Integritätsgedanken ist es sinnvoll, gewisse Messkriterien zu definieren. Das ermöglicht dem Unternehmen die Dokumentation der Fortschritte und Entwicklungen. Die Durchführung einer Ausgangsmessung und der Abgleich mit späteren Messzeitpunkten erlauben es festzustellen, ob der eingeschlagene Weg zu den gewünschten Verhaltensänderungen führt.

Um Integrität im Unternehmen zu implementieren, sind reichlich Engagement und Ernsthaftigkeit, Ausdauer und Kontinuität aufzubringen. Es lohnt sich aber in jedem Fall, denn Unternehmen profitieren – ob kurz- oder langfristig – davon. Das Unternehmen wird attraktiver für neue Arbeitnehmer, es ist angesehen bei Kunden und bei Lieferanten, die eigenen Mitarbeiter kommen motiviert und engagiert zur Arbeit und außerdem wird das Risiko eines Imageschadens deutlich gesenkt. Integritätsmanagement kann Unternehmen nur bedingt vor einem Imageschaden schützen. Denn Integritätsmanagement kann keine hundertprozentige Sicherheit für alle Mitarbeiter bewirken. Aber es ermöglicht eine Risikoreduktion und einen konstruktiven Umgang mit schwierigen Situationen, sodass das Unternehmen als vertrauenswürdig, glaubwürdig und integer wahrgenommen wird.

Ausblick

5

Für mich gehört dazu auch eine Art „Blick in die Zukunft": Wie entwickelt sich Integrität, Unternehmen, Gesellschaft – wie verändert sich dadurch die Bedeutung? Wächst der Bedarf an Integrität noch mehr? Meine Antwort ist: Ja, auf jeden Fall.

Die rasante Veränderung unserer Gesellschaft, das Tempo in der Entwicklung neuer Geschäftsideen und -modelle und die permanenten Einflüsse auf unser Leben führen dazu, dass jeder von uns immer stärker Orientierung benötigt. Integrität hilft uns dabei, Stabilität zu finden und uns selber treu zu bleiben. Egal, ob in der Familie oder im Freundeskreis, ob im Arbeitsleben oder bei neuen Herausforderungen. Und diese kommen in absehbarer Zeit immer häufiger auf uns zu.

Fairness, Verantwortung, Respekt (um nur einige Bestandteile von Integrität zu nennen) helfen uns bei der Orientierung, um auch in schwierigen Situationen richtig zu agieren.

Ein Unternehmen wird nur dann dauerhaft Bestand haben, wenn sowohl Kunden als auch Mitarbeiter, Lieferanten oder auch Investoren das Unternehmen als vertrauenswürdig und fair wahrnehmen. Deshalb wird Integrität eine elementare Bedeutung auch in Zukunft haben.

> It is not me against you anymore, or we against them, it is about we against the problem (Henry Cloud).

© Springer Fachmedien Wiesbaden GmbH, ein Teil von Springer Nature 2019   39
T. Keller, *Integrität als Führungskompetenz*, essentials,
https://doi.org/10.1007/978-3-658-25999-0_5

Was Sie aus diesem *essential* mitnehmen können

- Unternehmen brauchen Führungskräfte, die auch angesichts schwieriger Situationen oder herausfordernder Entscheidungen eine klare Haltung beziehen und zu ihren Werten und denen des Unternehmens stehen. Sie müssen integer sein.
- Integrität ist ein Anspruch, den niemand hundertprozentig erfüllen kann. Wir alle machen Fehler und müssen in widersprüchlichen Situationen Entscheidungen treffen. Wir können aber durch eine gute Selbstführung und eine innere Klarheit lernen, besser mit solchen Situationen umzugehen.
- Unternehmen, die Integrität in ihre Strategie mit einbeziehen und in ihrem alltäglichen Leben zum Ausdruck bringen, nutzen einen entscheidenden Wirtschaftsfaktor für ihre zukünftige Entwicklung.

© Springer Fachmedien Wiesbaden GmbH, ein Teil von Springer Nature 2019   41
T. Keller, *Integrität als Führungskompetenz,* essentials,
https://doi.org/10.1007/978-3-658-25999-0

Literatur

Bandura, Albert. 1997. *Self-efficacy: The exercise of control*. San Francisco: Freeman Verlag.

Cloud, Henry. 2009. *Integrity – The courage to meet the demands of reality*. New York: Harper Business.

Covey, Stephen. 2010. *Die 7 Wege zur Effektivität – Workbook: So integrieren Sie die 7 Wege in Ihr Leben*. Offenbach: Gabal Verlag.

Dietz, Inge, und Thomas Dietz. 2012. *Selbst in Führung – Achtsam die Innenwelt meistern. Wege zur Selbstführung in Coaching und Selbst Coaching*. Paderborn: Junfermann Verlag.

Dunbar, Robin. 1998. *Klatsch und Tratsch – Wie der Mensch zur Sprache fand*. München: Bertelsmann.

Hacke, Axel. 2017. *Über den Anstand in schwierigen Zeiten und die Frage, wie wir miteinander umgehen*. München: Kunstmann Verlag.

Harari, Yuval Noah. 2015. *Die kurze Geschichte der Menschheit*. München: Pantheon.

Keller, Teresa. 2016. *Einfach ich selbst sein dürfen – Bessere Beziehungen zu sich und anderen durch positive Psychologie*. München: Scorpio Verlag.

Keller, Teresa. 2017. *Persönliche Stärken entdecken und trainieren. Hinweise zur Anwendung und Interpretation des Charakterstärken-Tests*. Heidelberg: Springer.

Kuhn, Thomas, und Jürgen Weibler. 2018. Integre Führung in einer finanzialisierten Wirtschaft – ein schwieriges Unterfangen. Forum Wirtschaftsethik. https://www.forum-wirtschaftsethik.de/integre-fuehrung-in-einer-finanzialisierten-wirtschaft-ein-schwieriges-unterfangen/. Zugegriffen: 22. Feb. 2018.

Le Bon, Gustave. 2017. Psychologie der Massen. Musaicum Books.

Lexikon der Psychologie: Selbstwirksamkeit. https://www.psychomeda.de/lexikon/selbstwirksamkeit.html. Zugegriffen: 20. Nov. 2018.

Palansky, Michael, und Francis Yammarino. 2007. Integrity und leadership- clearing the conceptual confusion. *European Management Journal* 25 (3): 171–184.

Roth, Monika. 2005. *Compliance, Integrität und Regulierung – Ein wirtschaftsethischer Ansatz in 10 Thesen*. Zürich: Schulthess Verlag.

Schöttl, Lisa. 2018. *Integrität in Unternehmen – Konzept Management, Maßnahmen*. Heidelberg: Springer.

Schwartz, Richard. 2011. *Systemische Therapie mit der inneren Familie*. Stuttgart: Klett-Cotta.

Weitzig, Joachim. 1979. *Gesellschaftsorientierte Unternehmenspolitik und Unternehmensverfassung*. Berlin: De Gruyter.

© Springer Fachmedien Wiesbaden GmbH, ein Teil von Springer Nature 2019   43
T. Keller, *Integrität als Führungskompetenz*, essentials,
https://doi.org/10.1007/978-3-658-25999-0

Studien

Edelman Trust Barometer aus dem Jahr 2018. https://www.edelman.de/newsroom/studien-insights/edelman-trust-barometer-2018/. Zugegriffen: 23. Sep. 2018.

Dettmers, S., und S. Diestel. 2018. Die Kunst des Führens in der Digitalen Revolution. Kienbaum Stepstone. https://www.stepstone.de/ueber-stepstone/wp-content/uploads/2018/08/Kienbaum-StepStone_Die-Kunst-des-Führens-in-der-digitalen-Revolution_Webversion.pdf. Zugegriffen: 11. Dez. 2018.

Hattendorf, Kai, und Ludger Heidbrink. 2018. Führungskräfte Befragung 2018. Eine Studie der Wertekommission und der TUM School of Management der Technischen Universität München. Bonn.

INQA. 2014. Führungskultur im Wandel. Herausgegeben von der „Initiative Neue Qualität der Arbeit" im September 2014. Berlin. https://www.inqa.de/SharedDocs/PDFs/DE/Publikationen/fuehrungskultur-im-wandel-monitor.pdf?__blob=publicationFile. Zugegriffen: 30. Okt. 2018.

TNS Emnid. 2015. Gesellschaftliche Verantwortung von Unternehmen. Im Auftrag der Bertelsmann-Stiftung. Gütersloh. https://www.bertelsmann-stiftung.de/fileadmin/files/user_upload/Emnid.pdf. Zugegriffen: 24. Nov. 2018.